생각이 미래를 바꾼다

생각이 미래를 바꾼다

데이비드 스툽 지음
정성준 옮김

차례

추천사

추 천 사

☆ ☆ ☆

우리는 감정을 통제하고 행동을 자제해서 세상 속에서 바른 모습으로 살아가기를 꿈꿉니다. 그것은 나이에 상관없이 모두가 꿈꾸는 일입니다. 그러나 우리의 삶은 어떻습니까. 당장 어제 일만 돌아봐도 통제하지 못한 자신의 모습을 떠올릴 수 있습니다. 성경 속 인물들도 통제되지 않는 자신의 감정으로 힘들어했습니다. 예레미야 역시 하나님 앞에서 고통을 호소했습니다. 그 아픈 마음이 우리에게도 꽂혀 옵니다. 그의 고통은 우리의 고통입니다. "하나님 어디에 계십니까?" 예레미야의 눈물의 기도는 우리의 기도가 됩니다. 하지만 예레미야는 다시 일어나 찬양을 올려드립니다. 그렇게 할 수 있었던 이유는 무엇이었을까요? 슬픔을 떨쳐 버릴 수 있었던 데는 무엇이 작용한 것일까요?

우리는 하나님께 세상을 지배하는 권한을 부여받았습니다. 세상을 지배하고 문화를 지배하는 것이 그리스도인의 사명입니다. 그에 앞서 자신의 생각과 태도를 지배하는 것 역시 그리스도인이 해야 할 첫번째 사명입니다. 예레미야 역시 고통에서 영광으로 자신의 생각을 옮겨갔습니다. 자신의 상황과 생각에 갇혀 하나님을 보지 못했던 시각을 넘어 하나님을 바라보는 영광의 시각으로 이동한 것입니다. 우리도 능히 시각의 변화를 시도할 수 있습니다.

이 세상은 남과 비교해 인정받으려는 욕구가 팽배해 있습니다. 비싼 상표, 성형 중독, 거식증 등은 하나님의 자녀로서 살아가야 하는 진정한 모습을 보지 못한 채 타인에게 보여주기 위해 애쓰는 우리의 자화상입니다. 이런 상황에서 우울증을 겪고, 걱정과 불안에 시달리는 것은 어쩌면 당연한 일인지도 모릅니다. 하지만 우리는 세상의 지배를 받지 않는 하나님의 자녀들입니다. 그렇기 때문에 본연의 모습을 찾아야 합니다. 삶의 많은 부분에서 하나님을 바라보는 연습을 해야 합니다. 즉 생각의 변화를 통해 하나님의 영광으로 들어가야 합니다.

《생각이 미래를 바꾼다》가 주는 유익은 그런 데에 있습니다. 하나님과 멀어지게 하는 생각의 습관들을 분석하고 거기서 파생하는 여러 스트레스와 질병들을 치유할 수 있도록 대안을 제시해주기 때문입니다. 우리에게는 자유가 주어졌습니다. 이 자유를 통해 우리에게 찾아와주신 하나님께 나아가기를 소망합니다.

이 책에는 다양한 실례와 성경의 인물들이 등장하는데, 그들의 모습은 우리에게 지혜와 용기를 줍니다. 자신과 타인을 존중하고 사람들과 공존하면서 필요를 채우는 방법 또한 배울 수 있습니다. 자신의 생각과 감정을 다스리고 하나님을 향해 초점을 맞추고 싶다면 이 책을 성실히 따라가 보기를 권합니다. 그 대안과 모색 속에서 하나님의 대안을 찾을 수 있을 것입니다.

_박성민 목사 (한국대학생선교회 CCC 대표)

☆ ☆ ☆

세계적인 경기침체와 함께 실업률의 급등, 소외현상 증가 등 어두움이 우리를 지배하고 있는 것처럼 보입니다. 이런 세상에서 우울증을 겪고 자살을 하는 사람들의 소식을 자주 접하게 됩니다. 죄의식으로 가득한 우리의 마음은 작은 충격에도 중심을 잡지 못합니다. 하나님을 사랑하는 한 사람으로서, 그리스도인들을 양육하는 목회자로서 그들의 고통이 너무도 안타깝습니다. 하지만 우울증은 우리 시대에만 존재하는 증상은 아니었습니다. 3000년 전 예레미야도 엘리야도 같은 마음으로 아파했고 눈물을 흘렸습니다. 그들은 자신의 처지를 비관하며 죽기를 구했습니다. 하나님과 누구보다도 가까웠던 그들이 고통스러워했던 이유는 무엇일까요? 그것은 그들의 시각에 있지 않나 생각합니다. 상황만을 바라보는 마음이 마음의 병을 부른 게 아닐까요?

하나님은 우리에게 힘을 주셨습니다. 세상에 살면서 하나님만을 바라볼 수 있도록 힘을 주셨습니다. 거기에는 생각하는 힘도 주셨습니다. 부정적인 생각을 바꿔 긍정적인 생각으로 전환하고 밝은 것을 추구하는 것도 우리의 선택과 힘으로 가능합니다. 하지만 세상의 문화와 죄에 매인 우리는 우리가 가진 게 무엇인지 보지 못하고 과거의 신분으로만 살아갑니다. 그래서 하나님이 주신 신분으로 살지 못하고 또 다른 자신으로 살고자 거짓과 허영에 끌려 살아갑니다. 우리는 생각의 변화를 꾀해야 합니다. 부정적인 생각에서 벗어나야 합니다. 그리고 현실의 상황을 정확하게 봐야 합니다.

생각은 그냥 내버려두면 스스로 부정적인 쪽으로 기울어갑니다. 생각을 새롭게 하지 않으면 우리는 우리도 모르는 사이에 어두운 생각에 묶여 자신을 정죄하고 남을 미워하게 됩니다. 예수님은 우리에게 "기뻐하라"고 말씀하셨습니다. 의지적으로 기뻐하는 것입니다. 여기에는 생각의 전환과 시각의 변화가 필요합니다.

우리는 생각의 변화를 통해 아픔을 다르게 볼 수 있습니다. 생각의 변화를 통해 아픔에서 기쁨으로 시선을 옮길 수 있습니다. 또한 그러할 때 우리를 만지시는 하나님의 손길을 느낄 수 있습니다.

《생각이 미래를 바꾼다》는 우리에게 생각의 중요성을 잘 일깨워줄 뿐만 아니라 구체적으로 어떻게 생각을 해야 하는지 잘 소개하고 있습니다. 생각의 중요성을 알면서도 생각을 바꾸지 못해 힘들어하는 분들에게 큰 도움을 줄 것입니다. 저는 이 책을 읽으면서 생각을 바꿀 수 있는 구체적인 방법들을 통해 도움이 되었습니다. 많은 분들이 이 책을 통해 생각의 큰 전환이 오길 소원합니다.

_김원태 목사 (기쁨의교회)

《생각이 미래를 바꾼다》의 추천사를 처음 부탁 받았을 때 조금의 망설임이 있었습니다. 혹시나 요즘 무분별하게 쏟아져 나오는, 자기 성공을 위한 마인드 컨트롤에 관한 책은 아닐까 생각했습니다. 하지만 책의 내용을 조금씩 살펴보면서 저의 생각은 괜한 기우였음을 깨닫게 되었습니다. 오히려 그 내용이 저의 사역에 대한 고민과 맞닿아 있었기에 더욱 관심을 가지고 이 책을 살펴보게 되었습니다.

CCM 그룹인 〈소망의 바다〉 사역을 10여년 동안 감당해오면서, 주말마다 수백 개의 교회를 돌아다녔습니다. 그러다보니 '한 사람의 그리스도인을 지속적으로 건강하게 세워나가는 사역이란 어떠한 것일까?'라는 질문이 늘 제 안에서 맴돌았습니다. 그런 고민 끝에 저는 한국교회의 미래를 위해서는 신앙의 '진정성Originality' 을 가진 한 사람의 마음(생각)을 세우는 것보다 더 중요한 일은 없다는 사실을 깨닫게 되었습니다.

사실 이 책에서 말하는 '생각을 통제한다' 는 발상은 오늘날의 시대정신인 포스트모더니즘의 발상과는 잘 어울리지 않습니다. 포스트모더니즘은 오히려 자신의 생각을 어떠한 사회적 권위나 전통의 억압 없이, 감정이 느끼는 그대로를 여과 없이 즉흥적으로 표현하고 즐기는 것이 진정한 자유라고 말하고 있습니다.

하지만 그로 인해 나타나는 수많은 부정적인 사회병리현상들에 대해 저자는 날카롭게 지적하면서 그에 대한 통찰력 있는 진단과 함께 탁월한 해법들을 제시하고 있습니다. 특별히 교회 공동체 안에서 일어나는 여러 정신적인 문제들로 힘들어하는 성도들에게 《생각이 미래를 바

꾼다》가 제시한 구체적인 방법들은 분명 좋은 특효약처방이 될 것입니다. 겉이 화려해지면 질수록 속은 더욱 피폐해져가는 이율배반적인 시대정신 앞에서 진정한 개혁은 '밖'에서부터 '안'으로가 아닌, '안'에서부터 '밖'으로 진행되어야 하며, 그것은 먼저 한 사람의 '안'에서부터 시작되어야 함을 다시 확인시켜주는 책이라고 생각됩니다.

부디 이 책이 이 글을 읽는 독자들의 미래를 아름답게 바꿔주길 바라며, 무엇보다 먼저 우리의 마음과 생각을 새롭게 변화시키길 원하시는 하나님의 사랑과 은혜를 전적으로 신뢰하게 되길 소망합니다.

_전영훈 목사 (소망의 바다 미니스트리 대표)

☆ ☆ ☆

행동은 반드시 결과를 낳습니다. 그런데 결과가 나오게 하는 근본 원인은 우리가 보고 있는 그 행동이 아니라 바로 마음과 생각에 있습니다. 우리의 행동은 내면의 실체를 반영하는 것입니다. 학교에서나 직장에서 우리는 혁신적인 언행의 변화를 요구받습니다. 그러나 어떻게 그것을 이루어내는지에 대한 좋은 방법이나 명쾌한 답을 가지고 있지 않습니다. 그래서 우리는 행동교정에 관한 많은 훈련과 가르침을 받을 수밖에 없었습니다. 그러나 언행을 아무리 바꾸려 해도 마음이나 생각의 패턴이 바뀌지 않는 한은 궁극적인 변화가 나타나지 않습니다. 때로 사람들은 행동교정을 통한 일시적인 변화로 기뻐하지만 곧 다시 패배감을 느낍니다. 패배감은 열등감이 되고 분노와 우울증으로 변화하여 오랜

기간 동안, 심지어는 평생토록 우리를 괴롭히는 마음의 병이 됩니다. 우리가 사회에서 서로를 용납하지 못하고 갈등에 빠진 사람들을 자주 접하게 되고 뉴스에서 자살 소식을 흔히 접하게 되는 것도 사람들의 마음에 얼마나 깊은 병이 있는가를 알게 하는 사례입니다. 하나님은 사람들이 행복하고 성공적인 삶을 살기를 원하십니다. 우리가 하나님의 의도를 알고 우리를 향한 그분의 사랑을 순수하게 받아들일 때 우리의 병든 마음은 원래의 생기 있고 사랑이 넘치는 상태로 회복합니다.

그런데 주님의 의도를 명확하게 알기란 쉽지 않습니다. 설교를 듣고 말씀을 읽기만 하는 것으로도 주님을 만나고 그분의 의도를 이해하는 사람도 있습니다. 그러나 많은 그리스도인들이 교회 생활을 열심히 하고 훈련도 많이 받지만 여전히 우울증으로 힘들어하고 일상에서 분노를 처리하지 못해 괴로워하면서 살아갑니다. 그것은 성경이 말하고 있는 하나님의 사랑과 완전한 능력을 제대로 이해하거나 실생활에서 적용하지 못하기 때문입니다. 《생각이 미래를 바꾼다》는 이러한 고민을 가지고 있는 사람들에게 희망과 대안이 되는 놀라운 책입니다. 탁월한 심리학자이며 하나님의 사람인 저자가 그리스도인들이 간과하기 쉬운 심리학이나 과학적인 방법 등을 통해 우리의 내면의 고통이나 장애물들을 쉽게 제거하도록 도와주기 때문입니다. 저자는 오랫동안의 연구와 사역을 통해 얻게 된 실제적인 경험과 사례들을 통해 우리가 마음과 생각의 메카니즘을 명확하게 이해하도록 인도하고, 우리가 자신의 마음과 생각을 스스로 조절하여 인생에서 하나님의 의도를 이루면서 최고로 행복하게 살 수 있도록 안내해줍니다.

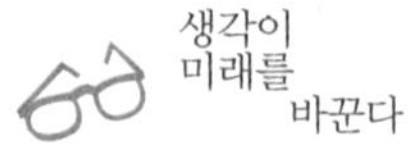

기독교 쪽에서 이렇게 심리학적으로 전문성을 가지고 우리가 생각을 바꿈으로써 언행을 바꾸고, 그렇게 함으로써 미래를 바꿔서 삶의 목적을 온전히 이루도록 돕는 실제적인 툴이 나왔다는 것은 기쁜 소식입니다. 이 책이 그동안 해결되지 않는 무거운 고민을 가지고 살아온 많은 사람들에게 강력한 해결책이 될 것이라 확신합니다. 저는 오랫동안 코치로서 사람들이 자신의 존재가치를 찾아 행복과 성공을 이루어내도록 돕는 일을 해왔는데, 이 책이 '생각이 미래를 바꾼다'는 말처럼 수많은 한국인들이 생각을 새롭게 하고 미래를 새롭게 설계하여 파워풀한 삶을 살게 되기를 희망합니다.

_정진우 박사 (NCD Korea 국제 대표, 아시아코치센터 대표)

chapter I

생각의 틀을 다시 만들자

"무엇보다 태도가 중요하다!" 동기부여 강사들은 한결같이 이 메시지를 강조한다. 코치들마다 선수들에게 이 진리를 반복해서 말한다. 다른 사람들과 함께 일하는 사람이라면 누구나 일에서 성공하는 데 태도가 얼마나 중요한지 안다. 사도 바울은 "오직 너희의 심령(태도와 생각)이 (계속적으로) 새롭게 되어"야 한다고 태도의 중요성을 강조했다엡 4:23.

다른 사람들을 바라볼 때 태도의 중요성은 너무나 명백해진다. "당신은 태도에 문제가 있어!"라고 말하는 경우가 얼마나 많은가? 의도가 좋고 영적으로나 도덕적으로 동기도 건전하지만 태도가 부정적이고 자기 비판적이기 때문에 성공하지 못하는 사람들이 너무 많다.

역설적으로, 우리는 자신의 모습이나 우리가 맺고 있는 관계에서 하나님의 최선을 원한다. 올바르고 선한 의도를 갖고 기도하는 마음으로 신중하게 목표를 선택한다. 하지만 같은 행동과 패턴에 반복해서 빠지고 만다. 그렇게 되기를 원치 않으면서도 말이다. 우리의 경험은 좋은 의도와 최선의 목표 설정만으로는 충분치 않다는 것을 계속해서 증명해준다.

지식 또한 결코 충분하지 않다. 많은 사람들이 각종 자격을 갖추고 중요한 지식과 기술이 결집된 책도 있지만 그들의 삶을 움직일 수 없었다. 우리는 그들을 보며 머리를 내젓는다. 왜 잠재력을 낭비하는지, 많은 사람들이 지켜보고 있는데도 왜 제대로 시작해보지 못하고 준비하는 데만 온갖 힘을 기울이고 있는지 의아해하면서 말이다.

사회에서 성공하는 사람과 실패하는 사람의 차이는 태도의 차이다. 태도가 모든 것을 결정한다. 삶의 모든 영역에서 차이를 만들어내는 것이다.

무엇보다도 태도가 중요하다는 데는 모두 동의하지만 여전히 피상적으로 들린다. 사람들은 이의를 제기한다. "저는 문제가 생길 때마다 즉시 목표를 바꾸거나 지식을 넓히기를 원합니다. 그것은 태도를 변화시키는 것만큼 간단하지 않다고요!" 우리는 다른 사람들의 문제는 명확하게 보면서, 정작 자신에 대해서는 그렇지 못할 때가 많다. 어쩌면 태도가 정체성의 일부가 되어버려서 식별해내지 못하는 것인지도 모른다. 혹은 자신의 태도 문제를 인식하게 되면 그것을 변화시킬 방법을 알지 못해 좌절감이 들기 때문에 아예 그 문제를 보려고 하지 않는지도 모른다.

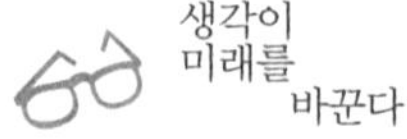

혼란과 스트레스의 악순환

우리의 태도는 통제되지 않는 세상에서 겪는 경험의 부산물인 경우가 많다. 태도를 바꾸려고 압력을 가하면, 우리 내면에는 이런 반응이 생길지도 모른다. '어떻게? 모든 게 조절되지 않아서 이렇게 무기력한데! 사실, 바깥세상이 통제되지 않는다는 것을 증명해주는 신문기사가 날마다 점점 더 많아지는데 내가 통제받고 있다는 느낌이 어떻게 생기겠어?' 물가는 우리도 모르는 사이에 하늘만큼 치솟고, 미국부채는 1조 달러라고 하는 상상할 수 없는 액수를 넘어서고 있다.

그러나 외부세계를 통제할 수 없다는 사실은 개인의 삶을 통제할 수 없다는 내적 느낌과 비교해볼 때 그 심각성이 무색해진다. 나는 내가 만나는 사람들에게서 이 사실을 매일 목격한다.

가정은 통제력을 벗어나 있다. 이혼율이 결혼율을 넘어선 지이미 오래다. 젊은이들은 행복한 부부 모델을 찾을 수 없다는 전제하에 결혼을 기피한다. 조각조각 찢어진 가정에서 자란 아이들은 고립감과 무력감에 시달린다.

끊임없이 바뀌는 가족 구조 속에서 아이들이 새로 맞이하는 복잡한 재혼가정의 친척관계를 어떻게 감당할 수 있겠는가? 많은 아이들이 혼란스러운 세상에서 자라면서 이미 통제력을 잃어버렸음을 알고 있다.

아이들은 이런 감정에 어떻게 대처하는가? 슬프게도 많은 아이들이 약물에 빠져든다. 통계수치는 무서울 정도다. 마약판매로 벌어들이는 돈이 미국에서 가장 큰 대기업의 수입보다 더 많다는 사실을 알고 있는가?

혼란과 스트레스 때문에 많은 이들이 불행하다고 느낀다. 4천만 명이 넘는 미국인이 알레르기를 겪고 있으며, 3천만 명이 불면증에 시달리고 있다. 2천 5백만 명이 고혈압에 시달리고 있는 것으로 추산되며, 약 2천만 명이 위궤양에 시달리고 있고, 신경안정제를 필요로 하는 사람들의 수는 헤아리기 힘들 정도다. 이뿐이 아니다. 세 명 중 한 명이 체중 문제 때문에 살을 뺐다가 다시 찌는 병적인 악순환을 반복하고 있다.

건강전문가들은 어떤 질병이 심인성 질환(마음에서 시작된 병)인지에 대해 논쟁하곤 하는데, 오늘날 대부분의 의학연구에 따르면 모든 질병의 75~90퍼센트가 현대생활의 스트레스에서 기인한다고 한다. 사실 많은 연구가들은 더 이상 어떤 질병이 스트레스와 관계 있는지 묻지 않는다. 모든 질병이 스트레스와 얼마나 관계가 있는지 물을 뿐이다.

우리는 여러 가지 방법으로 고통을 마비시킬 수 있다. 고통을 생각하지 않도록 정신을 산만하게 하거나, 다른 것에 집중하거나, 심지어 고통이 존재하는 것조차 부인하려고 한다. 그러나 어떤 방법도 우리를 고통에서 해방시켜주지 못한다.

오로지 자신과 하나님을 정직하게 이해하는 것만이 고통에서 해방되는 길이다.

자신의 감정 이해하기

심리학자들은 모든 사람들이 사랑, 분노, 두려움의 세 가지 기본감정을 경험한다는 사실에 전적으로 동의했다. 이는 빨강, 노랑, 파랑 삼원색과도 같다. 우리가 볼 수 있는 모든 색깔, 명암, 색조는 삼원색 중 하나이거나 그것들을 섞어놓은 것이다. 이처럼 우리가 삶 속에서 경험하는 모든 감정은 기본감정 중 하나이거나 그 감정들이 섞인 것이다.

세 가지 기본감정을 더 잘 이해하려면, 각각의 감정은 움직임과 방향성을 갖고 있다는 것을 아는 것이 도움이 된다. 사랑은 우리로 하여금 누군가/무엇인가에 늘 다가가도록 움직이게 하는 감정이다. 누군가를 사랑하면 그 사람과 함께 있고 싶어진다. 상대방을 향해 다가가는 것이다. 무엇인가를 사랑하게 되면, 예를 들어 초콜릿을 좋아하게 되면 상점에 갈 때마다 항상 초콜릿 앞에 서 있게 될 것이다. 초콜릿을 사랑하는 감정이 우리로 하여금 그 장소로 움직이게 한다. 내가 거기 서 있다는 사실을 오감으로 깨닫게 될 때까지, 심지어 그 사실도 모르고 있을 수 있다.

분노의 움직임은 누군가/무엇인가에 다가가는 것뿐만 아니라 밀어내는 것이기도 하다. 분노는 분리시키는 감정이다. 우리는 분노의 대상을 향해 다가가지만, 상대방을 대항하거나 밀어내는 강렬함을 갖고 다가간다.

두려움의 움직임은 언제나 누군가/무엇인가를 멀리하는 것이다. 두려움에 빠지면 우리는 달아난다. 두려움을 주는 대상으로부터 떨어져 있기를 원하는 것이다. 엘리베이터를 타는 것이 두려우면 계속 엘리베이터에서 떨어져 있을 것이다. 현실과의 직면이 두려우면 사람들을 가능한 한 멀리하면서 어떤 갈등도 피하려고 할 것이다.

분노와 두려움은 정반대의 방향성을 가진 감정으로 투쟁/도피 증후군을 일으킨다. 분노는 투쟁, 즉 대항하고 밀어내게 한다. 두려움은 도피, 즉 위협을 멀리하게 만든다. 분노와 두려움 둘 다 위협에 대한 반응이다. 흥미롭게도 화가 났을 때 신체에서 일어나는 생리 반응은 두려움에 빠졌을 때 일어나는 생리 반응과 똑같다. 차이가 있다면 위협에 대해 다르게 인식하는 것뿐이다.

예를 들어 먼 도시에 살고 있는 친구를 방문한다고 하자. 친구는 당신이 무섭고 위험하다고 느끼는 지역에 살고 있다. 어느 날 밤 당신은 친구에게서 빌린 차를 꽤 늦은 시간에 돌려주러 간다. 주차 장소는 친구 집에서 몇 블록 떨어진 곳뿐이다.

차 문을 잠그고 친구 집으로 걸어가는데 뒤에서 발자국 소리가 들린다. 당신이 속도를 늦추자 발자국 소리도 느려진다. 속도를 높이면 발자국 소리도 빨라진다. 보통 사람이라면 그 상황에서 무엇을 느낄까? 두려움이다! 아주 많이 두려울 것이다.

친구 집으로 달려가 열쇠를 꺼내려고 하는데 발자국 소리가 당신의 뒤에서 멈춘다. 그리고 목소리가 들린다. "하! 드디어 잡았다." 뒤돌아보니 발자국의 주인은 바로 친구였다. 이제 당신은 어

떤 감정을 느낄까? 순간적으로 강한 분노를 느낀다.

무슨 일이 일어났는가? 당신의 감정은 순식간에 두려움에서 분노로 바뀌었다. 위협에 대한 인식이 바뀌었기 때문이다. 쫓아오는 발자국의 정체를 모를 때는 추적자에게 잡혔을 때 발생할 수 있는 각종 끔찍한 상황을 상상했다. 하지만 위협의 정체를 알고 더 이상 위험하지 않다는 것을 알았을 때는 자연스럽게 분노가 솟구친다.

만약 발자국의 주인공이 약혼자라면 사랑, 분노, 두려움의 세 가지 기본감정이 뒤섞이면서 어떻게 사랑에서 두려움으로, 분노로 움직이는지, 그리고 그 사이를 어떻게 왔다 갔다 하는지 그 혼란스러운 패턴을 알 수 있을 것이다.

이 기본감정에 무수한 느낌을 덧붙이면 감정은 훨씬 더 복잡해진다. 우리는 걱정, 죄책감, 불안, 슬픔, 우울감, 행복, 즐거움, 만족감 등을 묘사하기 위해 '느낌'이라는 용어를 사용한다.

세 가지 기본감정을 이해하고 그것들이 어떻게 작용하는지 이해하게 되면 이러한 감정의 느낌들을 더 잘 이해할 수 있게 된다. 또한 동시에 세 가지 감정을 모두 느끼게 하는 사건들이 연달아 발생할 때 자신이 어떠한 감정을 느끼는지 식별하는 데 도움이 될 것이다.

세 가지 기본감정을 이해하는 데 있어 또 다른 중요한 부분은 그 감정들이 자기 통제와 어떤 관련이 있는가 하는 점이다. 분노와 두려움은 위협적 상황과 사람들에 대한 반응이라면, 사랑은 자기 통제 반응이다. 사랑으로 반응할 때 삶에 대해 반사적으로 행동하지 않고 주체적으로 행동할 수 있기 때문이다.

소용돌이치는 감정의 지대

느낌과 감정에 혼란을 느낄 때 우리는 두 가지로 반응한다. 한 가지는 압도된 감정을 주변 사람들에게 쏟아부어 혼란에 휩쓸리게 하는 것이다. 다른 한 가지는 감정을 과잉통제하는 것으로, 모든 주변 상황을 통제하려고 애쓰는 한편 자신의 감정이나 느낌을 조금도 드러내지 않으려고 감정의 끈을 놓지 않는 것이다. 세상에서 압도당하는 느낌이 들면 우리는 숨을 곳을 찾아 안전해 보이는 곳으로 피한다. 그러나 얼마 지나지 않아 자신에게 여전히 통제력이 없으며, 새로운 도피처를 찾아야 한다는 사실을 깨닫게 된다.

마지^{Marge}는 삶에 압도당한 경우다. 그녀는 친근하고 배려심 깊고 항상 친구의 문제에 귀를 기울여주는 사람이다. 그러나 최근 그 때문에 탈진하였다. 그녀는 잠자리에 누워서도 그날 다하지 못한 온갖 일을 생각하느라 잠을 이루지 못하거나, 친구에게 도움이 될 만한 해결책을 고민하느라 씨름한다. 하지만 잠만 이루지 못할 뿐 아무런 소득이 없다. 아침에 침대에서 빠져나온 그녀는 어제 씻지 않은 더러운 접시들을 보게 된다. 빨래감도 천장에 닿을 지경이다. 그 순간 전화벨이 울리기 시작한다. 여러 전화가 오고가는 사이에 마지는 소파에 쓰러져 그날 해야 할 일을 생각하느라 마비가 될 지경이다. 절박해진 그녀는 모든 것에서 벗어나기 위해 쇼핑몰로 향한다. 자녀들을 훈육하려고 하면, 아이들은 마지가 절망감에 빠져 두 손 두 발 다 들 때까지 온갖 방법으로 주의를 흩트린다. 아이들은 엄마로 하여금 감정에 짓눌리게 하고, 그것을 이용하는 방법을 터득한 지 이미 오래다.

마지의 집은 방마다 작업실이 따로 없다. 여러 가지 일들에 관심이 있어서 열정을 갖고 배우기 시작하지만 정작 완성하는 것은 거의 없다. 그렇게 일을 미루는 사람이 되지 않는 것이 그녀의 소원이다. 때때로 작업에 몰두할 때면 자신의 삶을 어느 정도 통제하고 있다는 느낌이 든다. 그녀는 통제력을 잃는 상황을 다시는 허락하지 않겠노라고 스스로 맹세한다. 하지만 맹세는 작심삼일로 끝나는 게 보통이다. 삶을 정리하는 효과적인 방법을 원하지만 어떻게 시작해야 할지 도통 모르겠다.

때때로 압도당하는 느낌은 도나Donna처럼 공포증의 형태를 띠기도 한다. 도나는 군중이나 높은 곳, 밀폐된 공간을 무서워했다. 그녀는 처음 내 사무실에 찾아왔을 때, 소파 가장자리에 앉아 바닥만 내려다보고 있었다. 대화를 하면서 그녀는 최근에 두려움이 어떻게 커졌는지 말했다.

가족들은 그녀의 공포증에 대체로 잘 적응하는 편이었다. 도나가 예배실 문 근처 뒷자리에 앉을 수 있도록 교회에 늦게 도착하고, 누구도 도나에게 말을 걸지 않도록 일찍 교회를 떠났다.

남편 프레드Fred는 사교 모임이나 많은 사람들과 만나는 약속을 되도록이면 하지 않았다. 어쩔 수 없이 약속을 해야 하는 경우에는 같은 방법으로 도나의 안전을 보장했다. 늦게 도착하고 일찍 떠나는 방법 말이다. 나중에는 예정보다 일찍 모임을 떠나야 하는 경우가 여러번 있었다. 도나에게 불안 발작이 일어나 실신할 정도였기 때문이다. 프레드가 회사에서 승진하자 도나의 공포증은 더 심해졌다. 더 이상 안전하게 숨을 곳이 없어 보였다. 프레드의 새 직위가 그녀에게 새롭고 두려운 요구로 다가올 것이 뻔했기 때문이었다.

도나의 감정은 내면에 허리케인처럼 몰아쳤다. 분명 그녀는 일부러 기절하는 것은 아니었다. 정말로 공포증을 조절하지 못했다. 사교적 관계를 가지려고 애쓸 때마다 불안 발작은 더 심해졌다. 자기도 이해 못하는 감정과 느낌에 압도당하는 것이다. 가족들이 이해해줘도 그녀는 두려움에 죄책감만 더해졌다.

마지와 도나는 감정과 느낌에 압도당한 사람들의 예다. 외적으로 보면 어느 누구도 통제력을 상실했다고 보이지 않을 것이다. 그러나 내적으로 그들의 감정과 느낌은 파괴적으로 흔들리며 두려움과 좌절감이 더해지고 있었다.

과잉통제 역시 매우 파괴적일 수 있다. 그러나 과잉통제하는 사람들은 갈등을 훨씬 더 잘 숨긴다. 과잉통제라는 대처방식은 자신과 주변 사람들을 밀어붙이는 역할을 한다. 그들은 뭔가 문제가 생길 때까지 밀어붙이는데, 종종 건강의 문제가 생기는 경우가 많다. 그러면 그들은 더더욱 통제력을 잃어버린다.

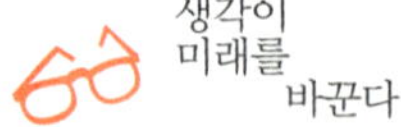

페기^{Peggy}는 감정 통제 전문가다. 그녀는 감정이 폭발할 지경까지 자신을 밀어붙인다. 그녀는 겉보기에는 팔방미인이었다. 집은 항상 먼지 하나 없었다(없는 먼지도 그녀가 재빨리 찾아냈다). 항상 때맞춰 제시간에 식사를 내놓았고 영양사가 식단을 짠 듯 균형이 맞았다. 다른 여성들이 경외심과 질투를 느낄 정도였다. 페기가 손대는 것은 뭐든지 잘되었다.

가족들은 그녀가 시키는 대로 했다. 아이들은 제지당할 것이라는 두려움에 털끝만큼도 선을 벗어나지 않으려고 했다. 항변이라도 하면 금방 구석 자리에서 반성하고 있어야 했다. 심지어 남편도 그녀에게 도전하기를 두려워했다. 그래서 페기의 스케줄에 따랐다.

그러나 페기의 내면 깊은 곳에서는 의문과 자기 회의가 소용돌이치고 있었다. 그녀는 자신이 제대로 하고 있는 건지 늘 의심스러웠다. 집안 모습, 아이들의 행동, 자신의 삶의 방향에 대해 전혀 만족스럽지 않았다. 때때로 짐처럼 느껴지는 가족들에게서 벗어나기 위해 죽기를 바라기도 했다. 삶에 부여된 책임에서 도피할 수 있는 유일한 길은 자살밖에 없어 보였다. 하지만 페기는 계속해서 밀어붙였다. 매일 매 순간을 의무적으로 꾸려 나갔다. 누구든 그녀의 스케줄을 따르지 못하거나 변화를 요구하면, 자신의 세계 전체가 위협당하는 것으로 느껴졌다. 더불어 어떤 변화도 통제력을 잃어버리게 할 가능성으로 여겨졌다. 그녀는 그것을 감당할 수 없었다!

아니^{Arnie} 또한 통제력을 유지하기 위해 삶을 지나치게 통제하고 있었다. 최근 그의 아내는 상담에 응하지 않으면 별거하겠다고 최후통첩을 해왔다. 아니의 입장에서는 모든 것이 일상적이었다. 문제가 있다면 그것은 아내였다. 그는 "제가 여기에 온 것은 아내가 도움이 필요하기 때문입니다."라고 주장했다. 별 진전 없는 상담을 몇 번 하고 난 후, 나는 아니에게 상담 때 혼자 오라고 했다. 점차 다음과 같은 사실이 드러났다.

아니는 직장에서 힘든 시간을 보내고 있었다. 실적이 떨어지자 상사의 압박이 심해졌기 때문에 아내에게까지 압박을 받고 싶지 않았다. 그는 결혼생활이 잘 돌아가고 있고 아내의 문제는 폐경기 때문이라고 생각하는 듯했다.

거의 4시간에 걸쳐 대화하는 동안 아니가 아주 작은 감정의 실마리를 보여준 적은 딱 한번 있었다. 아니는 맏아들에 대해 이야기하다가 감정을 추스르기 위해 잠시 말을 멈췄다. 아들은 그에게 실망거리였다. 열일곱살에 집을 나가 5년이 지나도록 연락이 없었다. 그 이야기를 할 때 아니의 입술은 떨렸고 눈빛이 흐려졌다. 하지만 잠시 후 그는 모든 것을 원상태로 통제했고, 아들 이야기만 아니면 어떤 것도 이야기할 만반의 준비가 되어 있었다.

아니는 대화하는 내내 미소를 잃지 않았다. 자신에게는 아무런 문제가 없다는 것이 일관된 주장이었다. 그는 이렇게 덧붙였다. "선생님은 제 아내가 다시 돌아오도록 도와주시면 됩니다. 문제는 제 아내에게 있으니까요." 그는 모든 것을 통제하고 있었다. 아들과 자신의 위궤양만 빼고 말이다. 그는 위궤양이 일 때문에 생겼다고 했다. 감정을 다루는 방식 때문에 위궤양이 생긴 것이라고 그에게 확신시켜줄 사람은 아무도 없었다.

아니와 페기는 감정을 지나치게 통제함으로써 그들의 세계를 유지하려고 했다. 하지만 그들은 팽팽하게 줄타기를 하고 있었다. 뭔가가 그들을 밀어제치면 통제력을 잃어버릴 가능성이 늘 있었던 것이다. 그들이 선택한 해결책은 통제 영역을 더 넓히는 것이었다. 그들 주변에 있는 모든 사람들까지 말이다.

삶을 통제하려고 애쓰는 이 두 가지 방법을 다른 식으로 보면 특별한 자동차를 운전하는 상상을 해보면 된다. 우리는 자동차를 운전하는 법만 알고 있다. 고속도로를 따라 내려가면서 우리는 갑자기 압도된 느낌에 휩싸인다. 그러면 자동차를 자동 순항모드로 바꾸고 뒷좌석으로 넘어간다. 그러고는 하나님, 배우자, 아이들, 부모님, 혹은 이 모든 사람들에게 소리친다.

"당신들이 책임져! 나는 더 이상 운전 못하겠으니까!"

자동차가 도로를 흔들리면서 질주하다가 다른 차들을 들이박고 사람들을 치고 건물에 부딪히면, 우리는 공포에 빠져서 "누구든 더 잘 통제해줄 수 있는 사람 없나요!"라고 말한다. 어쩌면 하나님이 우리와 함께 뒷좌석에 앉아 계실지도 모른다. 그러나 그분은 "네가 뒷좌석에 있으면 내가 도울 수 없다!"고 말씀하실 뿐이다. "네가 뒷좌석에 물러앉아 있는 한 내가 아무것도 할 수 없단다. 네가 운전석에 앉을 때 비로소 내가 너를 도울 수 있어. 네가 통제력을 되찾는다면 말이야!"

과잉통제할 때는 정반대로 행동한다. 우리는 운전석을 절대로 떠나지 않는다. 그러다 하나님이나 가까운 사람들이 멈추거나 속도를 늦추라고 제안한다. 하지만 우리는 그렇게 하는 대신 공포 상태가 되어 속도를 더 올린다. 또는 좌회전해야 하는데도 얼어붙어서 팔이 시멘트처럼 굳어버린다. 결국 사고로 이어지고 만다. 자동차를 운전하는 유일한 방법은 통제력을 유지하는 것이다. 그럴 때 속도를 늦출 수 있고, 방향을 바꿀 수 있다. 그것이 바로 자기 통제다.

여러해 동안 나는 하나님께서 우리의 삶을 지배하시도록 내어 맡겨야 한다는 성경공부와 설교를 수없이 들었다. 그것은 자동차 뒷좌석에서 겁에 질려 있는 사람이 하나님께 운전대를 맡겨야 한다고 말하는 것처럼 들린다. 우리는 아무것도 하지 않으면 하나님도 아무것도 하실 수 없다는 사실을 이미 알고 있다. 그런 성경공부와 설교는 과잉통제하는 사람에게는 어떤 방향으로 가야 할지 하나님의 음성을 들으라고 말하는 것 같다. 과잉통제적인 사람은 그렇게 할 수 없다. 패닉 상태이기 때문이다.

그러한 설교나 성경공부는 하나님은 통제력을 잃어버린 사람을 통제하실 수 없다는 사실을 간과하고 있다. 하나님의 인도를 받으려고 시도하다가 자주 좌절하는 이유가 여기에 있다. 통제력을 잃어버리면, 우리는 하나님이 주시기를 원하는 도움을 받을 수 없다.

신약의 기본적인 요점 중 하나는 그리스도를 따르는 제자는 절제를 실천해야 한다는 점이다. 갈라디아서 5장 23절에서 바울은 절제를 성령의 열매 중 하나라고 말한다. 자기 통제를 유지하는 것, 즉 절제는 하나님이 원하시는 삶의 방식이다. 그렇기 때문에 우리

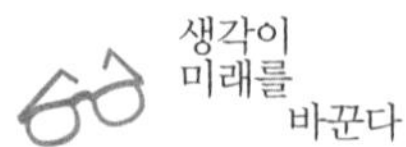

는 통제할 수 없는 세상 속에서 절제를 되찾아야 한다.

이 장을 시작하면서 언급한 잠언 25장 28절은 "자제력이 없는 사람은 성벽이 무너져 내린 성과 같다"(우리말성경)고 말한다. 역사를 돌아보면 도시의 생존은 성벽이 얼마나 견고한지에 좌우되었다. 이스라엘 사람들은 굳건한 여리고 성벽을 바라보면서 어떤 공격에도 무너지지 않을 것이라고 생각했다. 그러나 하나님은 그 성벽을 무너뜨리셨고, 성벽이 없는 여리고는 무방비 상태가 되었다.

이 책은 당신의 삶을 어떻게 통제할 것인가에 관한 책이다. 분명 당신의 세계에 있는 모든 것을 다 바꿀 수는 없다. 당신이 할 수 있는 것은 당신의 '성벽'에서 취약한 부분을 찾아 자기 통제를 유지하기 위한 전략을 세우는 것이다. 압박감이 커지고 통제력이 빠져나간다고 느낄 때 당신은 어떻게 대처하는가? 지나치게 통제하려고 하는가, 아니면 완전히 압도되어버리는가?

나는 혼란과 스트레스에 어떻게 대처하는가

당신의 대처방식을 파악하기 위해 간단한 질문을 할 것이다. 통제할 수 없는 느낌이 들 때 어떻게 반응하는지 살펴볼 수 있다. 이 검사로 당신의 약점뿐만 아니라 당신이 갖고 있는 긍정적인 대처방식도 파악할 수 있다. 다음 아홉 가지 문항은 방대한 성격 검사에서 인용한 것으로 정답이나 오답은 없다. 각 문항에 가능한 한 빨리 답하라.

1. 나는 대체로
ⓐ ⓑ

ⓐ 해야 할 일의 목록부터 작성한다

ⓑ 그냥 뛰어든다

2. 나는 대체로

ⓐ 마지막 순간까지 미루는 것이 성가시다

ⓑ 마지막 순간까지 일하기를 좋아한다

3. 내게 가장 적합한 말은

ⓐ 질서정연하다

ⓑ 태평스럽다

4. 내가 가장 성가시게 느끼는 것은

ⓐ 계속적인 변화이다

ⓑ 일상적인 반복이다

5. 내가 가장 편안하게 느낄 때는

ⓐ 데이트, 파티, 행사를 미리 계획할 때이다

ⓑ 무엇이든 일이 생기는 대로 자유롭게 할 때이다

6. 스케줄대로 한다는 것은

ⓐ 내가 좋아하는 것이다

ⓑ 내 스타일에 안 맞는다

7. 내가 더 많이 도전받는 것은

ⓐ 계획하지 않았던 상황을 재빨리 처리하는 것이다

ⓑ 주의 깊게 계획된 대로 끝내는 것이다

8. 나는 일반적으로

ⓐ 체계적이다

ⓑ 우발적이다

9. 나는

ⓐ 시간을 엄수하는 편이다

ⓑ 느긋한 편이다

A와 B의 전체 응답 총계

당신의 경향을 알아보기 위해 당신의 총계를 나타내는 지점에 표시하라. 예를 들어 A 6개, B 3개이면 이렇게 표시하면 된다.

단호한/질서정연한					즉흥적인/유연한				
A = 9	8	7	6	5	4	3	2	1	0
B = 0	1	2	3	4	5	6	7	8	9

중앙선 오른쪽에 표시했다면, 당신은 개방적 성향이다. 결정을 내리고 난 후보다 그 전에 더 편안함을 느끼며, 때로는 결정을 머뭇거리기도 할 것이다. 당신은 인생을 즐기는 타입으로 다른 활동을 즐기거나 단순히 쉬기 위해 일을 연기할 수 있다. 마감일이 닥치면 압박감 때문에 일찍 일을 끝내기도 하지만, 보통은 마지막 순간까지 미루다가 미친 듯이 일을 끝낸다. 결과 자체보다도 결과로 이어지는 과정에 더 흥미가 많다.

반대로 중앙선 왼쪽에 해당된다면, 당신은 결정을 내리고 난 후에 더 편안함을 느낀다. 고정되고 안정된 것을 좋아하고 놀기 전에 일해야 한다. 그래서 과업을 끝내는 것을 상당히 강조한다. 당신 같은 유형에게는 마감일이 매우 중요하기 때문에 대개 미리 일을 계획해서 여유롭게 끝내놓는다.

왼쪽 유형 사람들은 오른쪽 유형 사람들을 보면서 "당신들은 우유부단하고 늘 미루기만 하지. 빈둥거리는 것 외에는 인생의 목적이 없는 사람들이라고."라고 말한다. 한편 오른쪽 유형 사람들은 왼쪽 유형 사람들을 보면서 "당신네들은 늘 쫓기며 살아. 너무 일 중심적인데다가 모든 것을 빨리 결정해버리지!"라고 응수한다.

그러나 어느 쪽이든 괜찮다! 그렇게 창조되었기 때문이다. 그것이 당신의 안전지대인 것이다. 물론 어느 쪽이든 약점은 있다.

즉흥적이고 유연한 사람들은 삶의 압박감에 압도되거나 묻혀버리는 경향이 많다. 주어진 시간에 하고 싶은 일들이 너무 많기 때문에 종종 잔디 깎는 일을 미룬다. 그러다 풀이 얼마나 자랐는지 알고 나면 감당할 수 없는 감정에 휩싸인다. 종종 너무 오래 미뤄두기 때문에 일의 분량과 제한된 시간 때문에 압도당한다. 도나와 마지는 아마 이 유형에 해당될 것이다.

단호하고 질서정연한 사람들은 삶에 대해 강박적이고 괴롭게 사는 편이다. 그들은 매사에 정답을 찾는다. 하루라도 쉬는 날이면 별별 일을 다 하고 나서야 그날을 즐길 수 있다. 그들은 대체로 가족들이 해야 할 일을 다 했는지도 일일이 체크한다. 페기와 아니가 바로 이 유형에 속하는 대표적인 사례일 것이다.

또한 즉흥적이고 유연한 사람들은 삶을 누리는 기술은 강하지만 자기 훈련 기술은 약하다. 그들은 삶을 누리는 것은 잘하지만 삶을 정돈하는 부분에서는 약하다.

반대로 단호하고 질서정연한 사람들은 자기 훈련에는 강하지만 삶을 누리는 기술에는 불편함을 느낀다. 휴가나 특별행사도 모든 것이 스케줄대로 되어야 한다. 이 두 가지 대처방식은 다음과 같은 도식으로 표현할 수 있다.

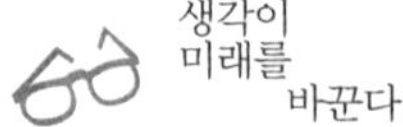

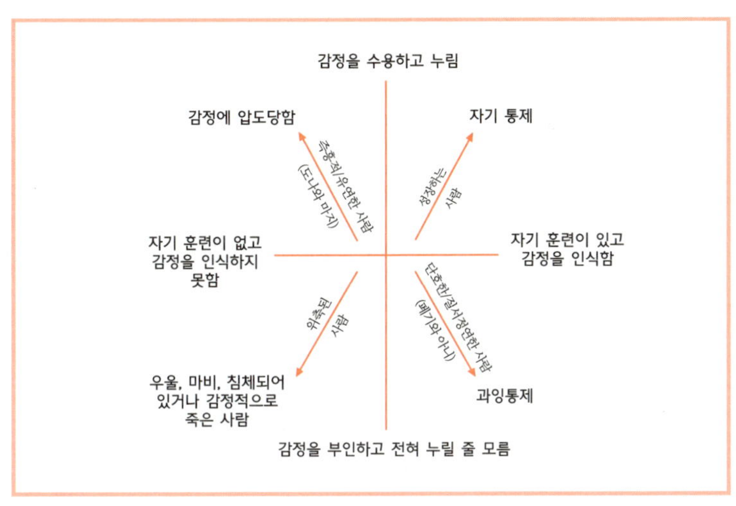

감정에 압도되는 사람들은 감정을 수용하기는 하지만 자기 통제를 유지할 수 있는 자기 훈련이 부족하기 때문에 그래프의 왼쪽 윗부분에 해당된다. 도나와 마지의 경우가 그렇다. 감정을 받아들이기는 하지만 잘 알지 못하는 감정들 사이에 생기는 갈등에 얽매이기 때문에 감정에 지배당한다. 그들은 너무 늦게까지 이런 감정들을 무시하다가 감정에 휘말리고 만다!

반대로 그래프의 오른쪽 아랫부분에 해당하는 과잉통제하는 사람들은 특정한 감정을 알고는 있지만 부인하고 싶어한다. 그러기 위해 주변의 모든 것을 지나치게 통제한다. 아니는 아들에 대해 강렬한 감정이 있음을 분명히 자각하고 있지만 통제력을 잃게 될까봐 이 느낌을 부인하려고 애쓴다.

그래프의 왼쪽 아랫부분은 어떤 느낌도 알려 하지 않고 그러한 감정의 존재 자체를 부인함으로써 삶에서 도피하려고 애쓰는 사람들이 해당된다. 대개 그들은 약물 중독이나 알코올 중독, 신경증, 피해의식의 형태로 삶 속에서 위축된 모습을 보인다. 이 사람들은 자신에게 일어난 끔찍한 일을 온종일 되새긴다. '고통'은 삶을 회피하기 위한 그들의 생활방식이다. 그들은 문제에 대해 이야기하기 좋아하지만, 그 문제를 해결하는 것은 다른 사람들의 몫이라고 생각한다.

마지막 선택은 자기 통제를 향한 성장의 길이다. 이 선택의 문은 누구에게나 열려 있다. 즉흥적/유연한 사람 또는 단호한/질서정연한 사람이라고 해서, 감정에 압도되거나 감정을 과잉통제하고 살 운명에서 평생 벗어나지 못하는 것은 아니다. 당신의 점수는 성격과 기질의 일반적 성향이며 당신의 안전지대를 가리켜줄 따름이다. 자기 통제로 이어지는 자기 훈련과 삶을 누리는 능력을 기꺼이 계발하고자 하는 사람이라면 누구에게나 성장의 잠재력은 있다.

이 책의 나머지 부분은 삶을 변화시키는 흥미로운 성장의 길로 가는 문을 열 수 있는 비결을 이야기하고 있다. 그 과정에는 자기 대화self-talk라고 하는 흥미로운 여정이 함께하고 있다.

1 당신의 삶에서 자기 통제를 더 많이 경험하고 싶은 영역은 무엇인가?

2 당신이 갖고 있는 대처방식의 좋은 면은 어떤 부분인가? 부정적인 면은 어떤 부분인가?

3 그래프에서 당신은 어디에 해당되는가? 감정에 압도되거나 감정을 과잉통제할 때 당신은 어떤 느낌이 들고 어떤 행동을 하는지 묘사해보라.

chapter 2

행복한 신념체계 만들기

앞에서 통제력을 잃은 네 사람을 만나보았다. 그들은 삶의 압력에는 서로 다른 대처방식을 갖고 있었지만, 공통적으로 삶의 환경을 적절히 통제할 수 없는 데서 오는 무기력감은 모두 갖고 있었다.

왜 그런 식으로 느끼고 행동했는지 물어보면, 그들은 아마도 삶에서 무언가 다른 부분이 있었다면 그들의 감정을 잘 다룰 수 있었을 것이라고 답할 것이다. 어쩔 수 없이 그렇게 하도록 만든 세력 때문에 그런 모습과 방식으로 행동할 수밖에 없었다고 자기 변호를 하는 것이다.

우리들 대부분은 자신이 느끼는 감정의 원인을 삶에서 일어나는 사건과 결부시킨다. 좋은 일이 일어나면 행복감과 만족감을 느끼고, 나쁜 일이 일어나면 슬픔과 미칠 것 같은 느낌이 든다. 결국 우리는 행복을 보장받기 위해 삶 속에서 일어나는 상황을 재조정하려고 온갖 애를 다 쓴다.

그러나 우리는 이 개념과 반대되는 경우와 맞닥뜨리면 마음이 어지러워진다. 우리보다 환경이 어려운 사람들이 오히려 행복해보이고 삶에 만족하는 것 같을 때 혼란스럽다. 은행에 돈도 충분하고, 청구서도 제때 잘 지불되고, 아이들은 성실하게 잘 크고 있고, 배우자도 상냥하고, 모든 것이 잘 돌아가는 듯해 보이는데도 밑바닥에 깔려 있는 어둡고 비참한 느낌을 지울 수 없다. "뭐, 난 원래 염세주의자잖아!"라는 말로 우울한 느낌을 흩어버리려고 애쓰기도 하고, 스트레스와 고난 중에서도 행복해하고 만족해하는 사람들을 보며 "뭐, 저 사람들은 순진한 낙관주의자니까."라는 말로 명백한 갈등을 무시하려고 한다.

그러나 그다지 확신이 들지 않는다. 자신의 감정과 느낌은 삶의 환경에 의해 결정된다고 믿도록 배워왔기 때문이다. 우리 문화는 매스컴, 특히 광고 방송을 통해 끊임없이 이러한 신념을 강화시켰다.

"불행하십니까? 그러면 새로 나온 구강 세척제를 사용해보세요! 아무도 말할 사람이 없어서 외로우십니까? 그러면 저희 회사 샴푸로 비듬을 박멸하십시오. 불면증에 시달리십니까? 그러면 이 약을 복용하십시오…."

이런 예는 끝이 없다. 하지만 진리는 '감정과 행동은 환경에 좌우되지 않는다' 는 것이다. 구강 세척제를 바꿔도 여전히 불행할 수 있고, 새로운 샴푸를 써도 여전히 외로울 수 있으며, 약을 먹어

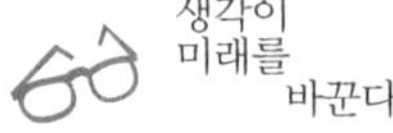

도 여전히 잠이 오지 않을 수 있다. 삶의 상황에 대한 감정과 행동 반응을 결정하는 무엇인가가 작동하고 있기 때문이다. 인지치료 이론가들은 그 요소가 바로 생각, 즉 신념체계라고 말한다. 나는 이러한 생각 혹은 신념체계를 자기 대화라고 부른다.

감정이 발생하는 방정식

지금까지 말한 환경은 좋든 나쁘든 1장에서 말한 외부세계다. 엘리스^{Ellis}는 감정의 ABC를 설명하면서 이러한 환경 또는 상황을 A, 즉 '촉발사건$^{Activating\ events}$'이라고 부른다. 촉발사건에는 외부세계에서 일어나는 모든 것이 포함된다. 오늘날 우리 문화에서는 자신의 감정과 행동의 원인을 이러한 촉발사건의 탓으로 돌리는 경향이 있다. 엘리스는 이러한 감정적, 행동적 '결과^{Consequence}'를 C로 부른다. 이것은 다음과 같이 표현할 수 있다.

$$A = C$$

예를 들어 내 전화에 상대방이 답을 주지 않아서 마음이 상하고 거절감을 느꼈다고 하자. 이것은 다음과 같이 표현할 수 있다.

A(내 전화에 답하지 않은 사건) = C(내 마음이 상하고 거절감을 느낀 결과)

다른 예도 들어보자.

시험에서 D학점을 받았다. = 나는 바보 멍청이다.

샐리가 나를 초대하지 않았다. = 나는 못생기고 외롭다.

승진하지 못했다. = 나는 직장을 잃을 것이다.

아이들이 싸운다. = 나는 화가 난다.

그녀는 내게 고함치는 것을 멈추지 않을 것이다.

= 그녀는 나를 화나게 만든다!

아래 빈 칸에 당신도 몇 가지 예를 써보라.

A (　　　　　　　　　　) = C (　　　　　　　　　　)

A (　　　　　　　　　　) = C (　　　　　　　　　　)

A (　　　　　　　　　　) = C (　　　　　　　　　　)

그러나 "A = C"라는 공식을 받아들이면, ABC를 간과하는 것이다(알파벳을 순서대로 외우는 사람이라면 A와 C사이에 B가 있음을 알 것이다)! B는 우리의 '신념체계Belief system', 즉 자기 대화다.

항상 분명한 것 같지는 않아도 이러한 생각들이 감정적, 행동적 반응의 원인이다. 상대방이 내 전화에 답하지 않은 사건을 예로 들어보자.

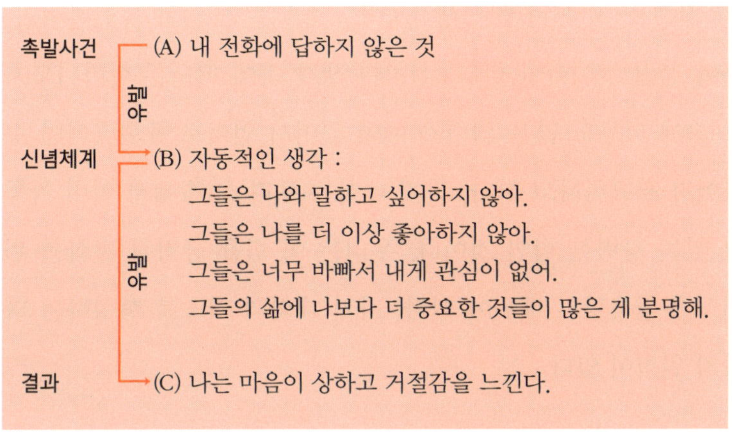

그러므로 방정식은 다음과 같다.

$$A + B = C$$

감정을 결정하는 자기 대화

자기 대화는 신념체계나 사고패턴을 말하는 것으로, 방정식에서 B에 해당된다. 이러한 신념체계는 속으로 하는 말, 생각, 소리내어 하는 말(입 밖에 혼자 내뱉는 말)의 형태를 띨 수 있다. 우리는 보통 1분에 150개 내지 200개의 단어를 소리내어 말한다. 어떤 연구가들은 우리가 속으로 하는 말이 어림잡아 1분에 1천 3백 단어 정도 된다고 한다.

다른 연구에 따르면, 생각은 정신적 이미지나 개념의 형태이므로, 잠깐 스쳐 지나가는 생각조차도 들리는 언어로 표현하려면 몇 분이 걸릴 것이라고 한다. 심지어 생각 속에 떠오른 한마디조차도 그 속에 너무도 많은 의미가 배어 있어서 언어로 표현하려면 수백 단어가 필요하다고 한다. 자기 대화는 우리 삶 속에서 이미 가동되고 있는 강력한 힘인 것이다. 우리는 이 힘을 긍정적 변화를 위해 어떻게 활용할지 배워야 한다. 자기 대화의 기초를 형성하는 다섯 가지 원칙이 있다.

생각이 감정을 낳는다

자기 대화는 새로운 개념이 아닌 것이 분명하다. 《교본 *Enchiridion*》에는 1세기의 그리스 철학자 에픽테투스가 말한 "사람들의 마음이 어지러워지는 것은 상황 때문이 아니라 상황을 바라보는 관점 때문이다."라는 내용이 기록되어 있다. 그는 모든 상황에서 일어나는 반응이 그 사건을 어떻게 해석할지의 선택에 좌우되며, 그 선택이 우리의 감정을 만들어낸다고 이해했다.

에픽테투스가 발견했다고 생각한 진리는 훨씬 더 전부터 존재했다. 잠언 23장 7절에서는 "대저 그 마음의 생각이 어떠하면 그 위인도 그러하다"고 말한다. 예레미야는 이 원칙을 분명히 보여주는 글을 남겼다.

예레미야애가 3장에서 예레미야는 우울증에 빠졌다. 조심스럽게 말하고 있지만, 만일 오늘날 그렇게 썼다면 그는 병원으로 보내졌을 것이다. 그 증상을 살펴보자.

여호와의 분노의 매로 말미암아 고난당한 자는 나로다 나를 이끌어
어둠 안에서 걸어가게 하시고 빛 안에서 걸어가지 못하게 하셨으며
종일토록 손을 들어 자주자주 나를 치시는도다 1-3절

얼마나 비참하고 절망적인가! 예레미야는 자신을 억누르는 끔찍한 정신적 고통을 겪게 만든 분이 하나님이라고 믿고 있다. 그러나 그런 생각 때문에 그는 더 악화된다. 예레미야는 신체적인 고통도 겪고 있었다.

나의 살과 가죽을 쇠하게 하시며 나의 뼈들을 꺾으셨고 4절

예레미야의 몸은 신음하고 있었다! 사람들이 깊은 우울증에 빠지면 뼈에 통증을 느끼고 음식이 부족해 쇠약해지는 것을 느끼기 시작한다. 어쩌면 이 시점에서 예레미야는 우울증으로 육체적 질병을 앓고 있었는지도 모른다. 그것은 그의 쓴 뿌리와 고뇌에 찬 느낌을 더해줄 뿐이었다.

고통과 수고를 쌓아 나를 에우셨으며 나를 어둠 속에 살게 하시기를
죽은 지 오랜 자 같게 하셨도다 5-6절

예레미야는 덫에 빠진 것 같은 끔찍한 느낌을 묘사하고 있는데, 이는 오늘날 많은 사람들도 느끼는 감정이다.

나를 둘러싸서 나가지 못하게 하시고 내 사슬을 무겁게 하셨으며 내가 부르짖어 도움을 구하나 내 기도를 물리치시며 다듬은 돌을 쌓아 내 길들을 막으사 내 길들을 굽게 하셨도다 7-9절

예레미야가 이 모든 감정에 대해 하나님을 탓하고 있는 것을 명심하라. 예레미야는 덫에 걸린 듯하고, 절망스럽고, 통제력을 잃어버린 느낌이 든 것은 다 하나님의 잘못이라고 생각했다.

그러나 또 다른 증상이 예레미야에게 나타난다. 그는 두려워하고 있다.

하나님이 그를 해치려고 하시기 때문에 아무도 믿을 수 없다고 생각하고 있다.

그는 내게 대하여 엎드려 기다리는 곰과 은밀한 곳에 있는 사자 같으사 나의 길들로 치우치게 하시며 내 몸을 찢으시며 나를 적막하게 하셨도다 활을 당겨 나를 화살의 과녁으로 삼으심이여 화살통의 화살들로 내 허리를 맞추셨도다 나는 내 모든 백성에게 조롱거리 곧 종일토록 그들의 노랫거리가 되었도다 나를 쓴 것들로 배불리시고 쑥으로 취하게 하셨으며 10-15절

또다시 예레미야는 절망스러운 육체적 고통으로 돌아간다.

조약돌로 내 이들을 꺾으시고 재로 나를 덮으셨도다 주께서 내 심령

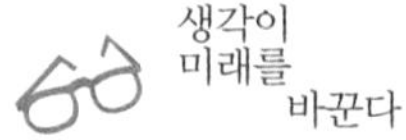

이 평강에서 멀리 떠나게 하시니 내가 복을 내어버렸음이여 16-17절

행복은 떠나고 말았다! 삶의 환경(촉발사건)이 너무나 비참하다고 느끼는 사람에게 어떤 다른 것을 기대하겠는가!

스스로 이르기를 나의 힘과 여호와께 대한 내 소망이 끊어졌다 하였도다 18절

이제 그는 비참한 마음으로 엎드리기 원한다. 그래서 앞에서 말한 모든 생각 속에 자신이 빠져들도록 허용하고 있다.

내 고초와 재난 곧 쑥과 담즙을 기억하소서 내 마음이 그것을 기억하고 내가 낙심이 되오나 19-20절

여기에 열쇠가 있다! 예레미야는 자신이 얼마나 비참한지 계속 생각하고 있다. 그가 우울증에 빠져드는 것은 당연하다. 그에게 슬픔을 가져다주는 것은 끔찍한 사건이 아니다. 이러한 사건에 대해 그가 선택한 생각들이다.

감정을 결정한 것은 그의 자기 대화인 것이다. 그러나 이제 예레미야는 변화되기 시작한다. 아마도 끊임없이 쓴 뿌리에 빠져 있기로 선택한 자기 모습을 깨달았는지도 모른다. 그 깨달음으로 그는 사고패턴을 바꿀 수 있게 되었다.

이것을 내가 내 마음에 담아 두었더니 그것이 오히려 나의 소망이 되었사옴은 21절

예레미야의 자기 대화에 어떤 변화가 일어났는지 주목하라. 그가 소망의 빛에 초점을 맞추기로 선택했을 때 감정에 변화가 일어난다.

여호와의 인자와 긍휼이 무궁하시므로 우리가 진멸되지 아니함이니이다 이것들이 아침마다 새로우니 주의 성실하심이 크시도소이다 내 심령에 이르기를 여호와는 나의 기업이시니 그러므로 내가 그를 바라리라 하도다 22-24절

예레미야는 완전한 절망의 구렁텅이에서 믿음과 환희의 산꼭대기로 날아오른 것이다! 그렇게 할 수 있었던 것은 생각을 바꾸었기 때문이다.

18절에서 그는 "나의 힘과 여호와께 대한 내 소망이 끊어졌다"고 했다. 얼마나 우울하고 비관적인 생각인가! 그러나 24절에서는 "여호와는 나의 기업이시니 그러므로 내가 그를 바라리라"고 말한다. 18절에서 예레미야는 자신의 비참함을 생각하고 아무 희망이 없다고 느꼈지만, 24절에서는 하나님의 성실하심을 생각하고 희망을 갖게 되었다! 생각이 감정을 낳은 것이다. 자기 대화를 통해 자기 통제를 되찾은 것이다.

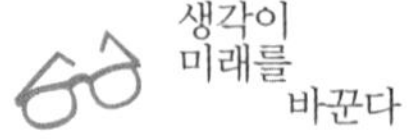

당신도 같은 원리를 시험해볼 수 있다. 잠시 책을 내려놓고 눈을 감아보라. 긴장을 풀기 위해 느리고 깊은 숨을 몇 번 들이쉬어보라. 그리고 나서 1분 동안 슬픔이 느껴지도록 해보라. 이어서 1분 동안 행복감이 느껴지도록 해보라. 이제 눈을 떠라.

자, 어떻게 두 가지 느낌을 느낄 수 있었는가? 강의를 듣는 청중에게 물어보면 대답은 늘 둘 중 하나다. 슬프거나 행복한 경험을 생각하거나, 그런 경험을 시각적으로 상상함으로써 그런 느낌을 느낀다.

2분 동안 당신의 외부세계에서는 분명히 아무런 변화가 일어나지 않았다. 18절과 24절 사이에 예레미야의 외부세계에서 아무것도 달라진 것이 없었던 것처럼 말이다. 그런데도 감정이 바뀌었다! 자기 대화 때문이다.

이것이 감정의 ABC의 기본요지다. 어떤 사건이 촉발되든지 간에 그결과로 느끼는 감정은 그 사건에 의해 생긴 것이 아니다. A가 C의 원인이 아니라는 뜻이다. 원인은 신념체계, 즉 자기 대화다. 그 사건을 둘러싸고 있는 B가 원인이다.

왜 어떤 사람들은 가장 고통스러운 사건 한가운데서도 내적 안식과 평화를 경험할 수 있는지 설명해주는 것이 바로 자기 대화다. 자기 대화는 삶 속에서 일어나는 긍정적이고 즐거운 모든 사건을 무시하고 걱정에만 초점을 맞추어 비참하게 느끼게 하는 원인이기도 하다.

생각이 감정을 낳는다!

생각이 행동을 낳는다

몇 년 전 한 남자가 화물기차를 몰래 타고 전국을 여행하고 있었다. 어느 날 밤 그는 뚜껑이 있는 화차처럼 보이는 것에 기어올라가 문을 닫았다. 그런데 그 문이 잠겨 안에 갇히고 말았다. 어둠에 눈이 익숙해지자, 자신이 갇힌 곳이 냉동고라는 것을 알게 되었다. 그는 너무 추워서 얼 지경이었다. 그가 아무리 소리를 질러도 누구 하나 듣지 못했다.

그는 절망 가운데 추위와 싸우면서 바닥에 메시지를 새기기 시작했지만 글을 다 쓰지도 못하고 죽고 말았다. 다음날 수리공이 냉동고 안에서 죽어 있는 남자를 발견했다. 얼어 죽은 듯했다. 그런데 사실 그 냉동고는 작동하지 않고 있었다! 수리공은 냉동고를 고치러 온 것이었다. 그날 밤 냉동고 내부의 기온은 10도 이하로 내려가지 않았을 것이다. 그 남자가 죽은 것은 순전히 자기가 얼어 죽는다고 생각했기 때문이었다!

생각에 의해 감정이 결정된다면, 행동 역시 생각의 영향을 강하게 받을 것이다. 첫장에서 예를 들었지만, 각 사람의 행동 뒤에는 통제력을 잃을 것이라는 생각이나 자신이 통제할 수 없다는 생각이 작용하는 것이다.

도나가 갑자기 기절하는 증세는 전적으로 두려움과 연관이 있으며, 그녀의 두려움은 생각이 낳은 감정이다. 쇼핑몰로 도피하는 마지의 행동은 모든 것을 감당할 수 없는 것으로 해석하는 그녀의 사고패턴에 기반을 두고 있다. 페기의 강박적인 행동은 자기 자신

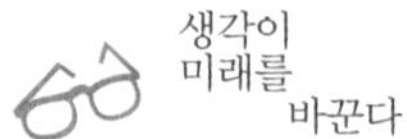

이나 다른 사람들에게 완벽한 것을 요구해야 한다는 신념에서 비롯된 것이다. 아들과의 대화를 거부하는 아니의 행동은 무의식속에 있는 고통스러운 경험을 떠올리지 않기 위해 그가 내린 선택의 결과였다.

어쩌면 너무 단순화시키는 것으로 보일지도 모르겠다. 그러나 그들의 행동에서 일관적으로 나타나는 원리는 행동의 원인이 신념체계, 즉 자기 대화에 있다는 것이다.

자기 대화의 또 다른 예로 부끄러움을 들 수 있다. 대부분의 사람들이 부끄러움을 느낀 적이 있다. 그런데 부끄러움이 지속적으로 삶의 문제가 되는 사람들이 많다. 부끄러움도 신념체계에서 비롯된다. 자신을 부끄러워하는 생각의 지배를 받아 그렇게 행동하는 것이다. 그런 사람들이 시도해볼 것이 있다. 다음에 부끄러움을 느낄 때 자기 속에 어떤 자기 대화가 있는지 들어보라. 당신의 생각 속에는 "나는 부끄러움을 타기 때문에 그렇게 할 수 없다."는 말이 맴돌고 있을 것이다. 감정을 통해 작동하는 자기 대화는 우리의 행동을 결정하는 주된 원인이 된다.

믿음의 관점이 행동에 영향을 미친다

행동에 영향을 미치는 것은 우리 삶에 일어나는 일이 아니다. 문제가 되는 것은 발생한 사건에 대해 무엇을 '믿고 있는가' 이다. 통제할 수 없는 세상에 관계된 사실에 초점을 맞추느냐 아니면 전능하신 하나님의 다스림 아래 있는 세상에 초점을 맞추느냐에 따라 우리의 행동이 달라질 것이다.

모세가 가나안 땅에 보낸 12명의 정탐꾼이 이 원리를 잘 보여준다. 정탐꾼들은 모두 똑같은 사람들과 똑같은 땅을 보았다. 그러고 나서 돌아와 모세에게 보고했다. 민수기 13장에서는 여호수아와 갈렙이 흥분된 모습으로 돌아온 것을 볼 수 있다. 그들은 전진할 준비가 되어 있었다. "우리가 곧 올라가서 그 땅을 취하자 능히 이기리라"30절.

그러나 나머지 열 명은 반대했다. 돌아오는 길에 그들은 분명 앞으로 싸워야 할 전투에 대해 생각했을 것이다. 그러자 네피림(가나안 땅의 거인)이 더 크게 보이기 시작했다. 그들의 생각은 키 큰 사람들을 무시무시한 괴물로 바꾼 동시에 그들 자신을 초라하게 만들었다.

결국 그들은 백성들 앞에 서서 젖과 꿀이 흐르는 땅을 "그 거주민을 삼키는 땅이요 거기서 본 **모든** 백성은 신장이 장대한 자들이며 거기서 네피림 후손인 아낙 자손의 거인들을 보았나니 **우리는 스스로 보기에도 메뚜기 같으니** 그들이 보기에도 그와 같았을 것이니라"고 말했다민 13:32-33. 이것은 상황에 대해 그들이 믿은 인식이었다.

그들은 메뚜기 콤플렉스를 갖게 되었다. 그들의 생각은 그 땅에 있는 모든 사람들의 키를 부풀렸고, 자기 대화는 그들의 약점을 과장시켰다. 그들은 40일 정탐 기간 동안(불과 얼마 전이었다!), 홍해를 건너게 하셨고 추격해오던 애굽 군대를 전멸시키신 전능하신 하나님께 초점을 맞추지 않고 다른 곳에 눈을 돌렸던 것이다.

여호수아와 갈렙은 스스로 덫에 빠지게 만드는 자기 대화를 허용하지 않았다. 그들은 하나님이 모든 것을 통제하신다는 생각을 고수했다. 다른 정탐꾼들처럼 거인들을 목격했지만 "하나님과 함께라면 능히 이길 수 있다!"고 말했다. 반면 열 명의 정탐꾼들은 거인을 보고 "우리는 메뚜기 같다!"고 했다. 그들은 똑같은 것을 보았다. 그러나 그들의 행동은 "그 상황을 누가 다스리고 있는가?"라는 생각에 의해 결정되었다. 거인들과 그 땅에 대한 세상적 지각이 바로 그들의 자기 대화를 형성한 것이다.

우리는 비합리적으로 생각한다

이제는 우리가 왜 그리 쉽게 통제력을 잃어버리고 압도되거나 과잉통제하게 되는지 이해될 것이다. 이스라엘 백성들이 어떻게 그렇게 쉽게 열 명의 정탐꾼들의 말을 받아들였는지도 알 수 있을 것이다. 우리는 모두 비합리적으로 생각하는 경향이 있다.

특정 방식으로 행동하고 나서 당황스러웠던 일들을 기억해보라. 시간이 지난 후에 자기 생각이 얼마나 비합리적이었는지 깨닫고 황당했던 적도 있을 것이다. 우리는 이러한 행동을 가장 사랑하는 사람들에게 너무나 자주 저지른다. 배우자에게 화가 나서 마음에도 없는 말을 내뱉는다. 그 잔인한 말들은 나중에까지 우리를 따라다니며 괴롭힌다. 사랑하는 사람에게 상처를 입혔다는 죄책감이 변함없는 모습으로 남아 있다.

자녀들과의 관계에서도 이 덫에 걸려든다. 자녀들에 대한 걱정이 지나쳐서 아이들이 어떻게 할지 모른다는 두려움 때문에 아이들의 행동을 비난해 분노와 상처를 주기도 한다. 모든 사람들이 진정되고 나면, 우리는 그런 바보 같은 말을 한 자신을 질책한다. 이 모든 것은 우리가 비합리적으로 생각하기 때문이다.

예를 들어 아름다운 여성이 자기가 못생겼다고 생각할 수 있다. 누군가 그녀의 외모를 칭찬할 때마다 그녀는 자신이 얼마나 볼품없게 생겼는지 반박한다. 상대방이 진심으로 칭찬하는 것이라고 강조하면 할수록, 그녀는 자신이 못생기고 평범하다고 불평한다. 어떤 것도 그녀에게 확신을 줄 수 없다. 그녀 역시 비합리적 생각을 갖고 있기 때문이다.

비합리적 생각을 한 대표적인 사람은 욥이다.

욥은 사람들이 꿈꾸는 모든 것을 갖춘 사람이었다. 세월을 즐기며 보낼 정도로 재산이 많았고, 자녀들은 하나같이 훌륭했다. 그러나 욥은 걱정이 많았다! 욥기 1장에서 그가 자녀들 한 명, 한 명을 위해 번제를 드리는 모습을 볼 수 있다. 욥은 "혹시 내 아들들이 죄를 범하여 마음으로 하나님을 욕되게 하였을까" 하여 번제를 드렸다. 성경은 "욥의 행위가 항상 이러했다"고 말한다 5절. 그의 행동은 강박적이었다.

"혹시"가 욥의 좌우명일 수 있다. 그결과 그는 예배에서나 삶 속에서 사소한 것에 너무 마음을 썼다. 이것은 그가 당면한 문제로 이어졌다. 그의 애가(哀歌)에서 그렇게 비극적인 일이 왜 그에게 일어났는지 실마리를 찾을 수 있다.

어찌하여 고난당하는 자에게 빛을 주셨으며 마음이 아픈 자에게 생명을 주셨는고 이러한 자는 죽기를 바라도 오지 아니하니 땅을 파고 숨긴 보배를 찾음보다 죽음을 구하는 것을 더하다가 무덤을 찾아 얻으면 심히 기뻐하고 즐거워하나니 하나님에게 둘러싸여 길이 아득한 사람에게 어찌하여 빛을 주셨는고 나는 음식 앞에서도 탄식이 나며 내가 앓는 소리는 물이 쏟아지는 소리 같구나 **내가 두려워하는 그것이 내게 임하고 내가 무서워하는 그것이 내 몸에 미쳤구나** 나에게는 평온도 없고 안일도 없고 휴식도 없고 다만 불안만이 있구나 욥 3:20-26

욥에게는 비탄에 빠져서 인생을 마감하기를 소원할 이유가 너무나 명백했다. 그의 고통과 고뇌는 깊었다. 그러나 25절을 보라. "내가 두려워하는 그것이 내게 임하고 내가 무서워하는 그것이 내 몸에 미쳤구나." 욥이 걱정 많은 사람인 것은 알았지만, 얼마나 걱정을 많이 했는지는 몰랐다!

외적으로 욥은 걱정할 것이 전혀 없어 보였다. 필요한 것은 다 갖고 있었다. 그러나 그는 모든 것에 대해 염려했다! 그리고 3장에서 욥이 걱정한 일들이 현실이 된다.

욥기 1장에 묘사된 하늘의 장면을 상상해보라. 하나님은 사탄에게 그분의 종 욥에 대해 말씀하신다. "그와 같이 온전하고 정직

하여 하나님을 경외하며 악에서 떠난 자는 세상에 없느니라"8절. 그러나 사탄은 욥 주변에 하나님이 쳐준 울타리가 있지 않느냐고 반박한다. 그런데 그 울타리가 없어져버린다. 욥을 지켜주던 보호벽이 사라지고 없어져버렸다!

욥은 걱정으로 울타리를 대패질하느라 바빴다. 매일 밖에 나가 울타리를 조금이라도 더 똑바로 더 깔끔하게 유지하려고 애썼다. 그러다 그 울타리가 닳아 없어질 때까지 대패질을 했다! 걱정에 찬 그의 자기 대화는 울타리를 깎아버렸고 사탄이 공격할 기회를 주었다. 욥의 자기 대화는 비합리적이었다!

우리는 스스로를 낙심시키는 소용돌이를 만들어낸다. 생각이 감정을 낳는다면, 생각이 행동을 낳고, 누가 통제하고 있는지 바라보는 관점이 행동을 낳는다면, 우리 모두에게 비합리적으로 생각하는 경향이 있을 때, 자신과 감정에 대한 통제력을 되찾기 위해 우리가 살려야 할 기회는 무엇일까? 어떻게 하면 그 사이클을 깨뜨릴 수 있을까?

생각을 통제할 때 삶이 변화될 수 있다

희망이 있다! 그 사이클은 깨뜨릴 수 있다! 우리는 자기 통제를 할 수 있다. 그 전쟁터는 바로 우리의 생각이다. 우리의 생각이 감정을 낳는다면, 우리는 생각을 바꿈으로써 감정을 바꿀 수 있다. 예레미야가 그렇게 했다. 우리도 할 수 있다!

우리가 어떻게 느끼고 행동하는지에 대해 선택권은 여전히 우

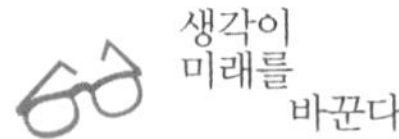

리 자신에게 있다. 사도 바울은 이것을 잘 이해하고 있었다. 성경 여러 곳에서 바울은 자기 통제의 힘든 작업은 생각에서 시작된다고 말했다. 고린도후서 10장 3-5절에서 바울은 전투가 일어나는 곳이 육체와 외부환경이 아니라 생각이라고 말했다. 우리는 모든 "생각을 사로잡아 그리스도에게 복종하게" 해야 한다. 문자 그대로 생각 속에서 일어나는 논쟁과 비합리적 이론과 맞서 싸워야 한다.

어떻게 하면 그렇게 할 수 있을까? 바울은 빌립보서 4장 8절에서 그 질문에 답하고 있다. 마음속에 들어오는 모든 생각은 무엇이든지 참되고, 경건하고, 옳으며, 정결하며, 사랑받을 만하며, 칭찬받을 만해야 한다.

"무슨 덕(뛰어난 것)이 있든지 무슨 기림(칭찬할 만한 것)이 있든지 이것들을 생각하라"는 것이다. 그렇게 할 때 "평강의 하나님이… 함께 계시리라"고 약속하신다9절.

생각을 지켜야 한다! 무엇을 생각하는지 감시해야 한다! 하나님이 말씀하신 기준에 해당되지 않는 것은 '어떤 것' 이든 생각 속에 자리잡지 못하도록 해야 한다. 생각을 통제함으로써 자신을 통제할 수 있다. 그렇게 하려면 마음에 들어오는 모든 생각을 사로잡아 우리의 신념체계에 자리잡을 가치가 있는 것인지 점검해야 한다. 만일 검사에 합격하지 못하면 신속히 제거해야 한다.

로마서 12장 2절에서 바울은 계속해서 이 개념을 말하고 있다. 먼저 그는 "이 세대(세상) 본받지 말라"고 경고한다. 필립스 역에서는 "주변 세상이 만든 틀에 짓눌리지 말라"고 번역하고 있다. 비합리적인 사고의 덫에 걸려들지 말라. 당신의 감정, 느낌, 행동이 삶 속에서 일어나는 사건 때문에 생긴다는 거짓 개념을 받아들이지 말라.

　그 대신 바울은 "오직 마음(생각)을 새롭게 함으로써 변화를 받으라"고 말한다. 그는 우리가 변화될 수 있다고 말한다. 변화의 열쇠는 생각을 새롭게 하는 것이다! 당신의 사고, 즉 자기 대화를 바꾸라. 그러면 당신의 인생이 달라질 것이다!

1 최근 당신에게 특정한 감정을 불러일으킨 생각은 무엇이었는가?

2 이번주에 당신이 말하거나 생각한 것 중 비합리적 신념체계를 잘 말해주는 것은 무엇인지 생각해보라. 비합리적 생각을 갖게 된 원인은 무엇인가?

3 이번주에 당신의 행동에 긍정적 변화를 가져올 수 있도록 당신이 바꿔야 할 자기 대화는 무엇인가?

chapter 3

말이 만들어내는 파워

속으로 말하든 소리내어 말하든, 말에는 힘이 있다. 역사의 흐름을 뒤바꾼 것은 결정적 순간에 나온 말이었다. 2차 세계대전이 발발했을 때 윈스턴 처칠Winston charchill은 "전 유럽이 쓰러진다 해도 우리는 항복하거나 패배하지 않고 끝까지 전진할 것입니다. 우리는 바다에서, 해변에서, 땅에서, 언덕에서 싸울 것입니다. 절대로 항복하지 않을 것입니다."라고 영국 국민들에게 말했다. 자유세계는 그 과업을 완수하기 위해 결집했고 싸움에서 승리했다.

프랭클린 루스벨트Franklin Roosevelt는 대공황으로 절망에 빠진 미국 국민들에게 "우리가 두려워해야 할 오직 한 가지는 두려움 그 자체입니다."라고 말했다. 그러자 사람들은 용기 있게 반응했다. 미국은 고난을 이겨내고 경제대국으로 성장했다.

존 폴 존스John Paul Jones 제독은 배를 내놓고 항복하라는 영국의 요구에 "나는 아직 싸움을 시작하지도 않았다."는 말로 응수했다. 그와 부하들은 용감하게 싸웠을 뿐 아니라, 그의 말은 몇 세기에 걸쳐 해군들에게 영감을 주었다.

에이브러햄 링컨Abraham Lincoln이 편지 봉투에 갈겨쓴 짤막한 말은 게티즈버그 연설로 이어졌다. 이는 전 국민의 마음을 움직여 남북전쟁의 상처가 치유되기 시작했고, 남와 북부로 나뉘었던 마음이 하나로 화합할 수 있었다.

목록을 열거하자면 끝이 없다. 구약을 한 장 한 장 들여다보라. 소년 다윗은 사울왕과 거인 골리앗에게 자신의 믿음을 확증했다. 그는 자신을 말리는 사울왕에게 "여호와께서 나를 사자의 발톱과 곰의 발톱에서 건져내셨은즉 나를 이 블레셋 사람의 손에서도 건져내시리이다"삼상 17:37라고 말하고 나아간다. 그러고 나서 자신을 저주하는 골리앗에게 강력한 말로 응대한다. "나는 만군의 여호와의 이름 곧 네가 모욕하는 이스라엘 군대의 하나님의 이름으로 네게 나아가노라 오늘 여호와께서 너를 내 손에 넘기시리니"45-46절. 역사는 그결과를 기록으로 남기고 있다.

말 자체가 기적을 만들어낸다는 말을 하려는 것이 아니다. 그 말들은 다윗의 마음과 생각 속에 있는 것을 반영해준다. 그 말들은 다윗의 삶 속에 하나님의 능력을 풀어놓았다. 그것은 그 사건이 일어나기 여러해 전부터 있었던 다윗의 자기 대화가 겉으로 드러난 것이다.

말이 증명하는 당신의 믿음

우리들 대부분은 믿음을 긍정적이고 자비로운 신적 존재를 신뢰하는 것으로 생각한다. 그러나 믿음은 삶의 한 과정이다. 믿음이 없는 사람은 아무도 없다. 어디에 믿음을 두고 있는지가 다를 뿐이다. 생각은 믿음의 대상이 누구인지 가장 잘 보여주는 측정계다. 믿음은 긍정적인 방향으로든 부정적인 방향으로든 삶을 변화시키는 힘을 풀어놓는 과정이다.

최근 연구에 따르면 이혼의 가능성에 대해 말하기 시작하는 사람들은 이혼하는 방향으로 불가항력적으로 진행되는 것이 종종 발견된다고 한다. 나중에 그들은 자신이 한 말에 얽매인 느낌이 들었다고 말한다. 상황이 그렇게 나쁘지 않은데도, 이혼에 대해 언급함으로써 이혼의 가능성에 힘을 실어준 것이다.

최근 성공적인 사업가와 이야기를 나눈 적이 있다. 그는 새로운 사업을 시작해 열심히 일했다. 사업은 번창했고, 훌륭한 경영팀이 세워졌으며, 끝없이 성장할 잠재력을 갖추었다. 그러나 점차 더 많은 시간이 요구되었다. 그는 중요한 회의를 인도하던 중 의식을 잃어버렸다. 의사는 3개월 동안 모든 활동을 중지하고, 그후 6개월 동안은 조심스럽게 지내야 한다고 당부했다. 그는 이렇게 말했다. "저는 1년 동안 아프지만 않으면 어떤 것도 나를 막을 수 없다고 말해왔어요." 그는 자신의 말을 통해 속도를 늦출 수 있는 유일한 길은 아프게 되는 것이라고 결정했던 것이다. 그는 스스로 그렇게 만들었다! 스스로 그 말을 생각하거나 말할 때마다 그 말 속에 믿음을 풀어놓은 것이다. 그러자 믿은 대로 현실이 되었다!

마태복음에는 대조적인 세 가지 기적이 소개된다. 8장에서 백부장이 예수님에게 와서 중풍으로 괴로워하고 있는 하인에 대해 말한다. 예수님이 직접 가서 종을 고쳐주겠다고 하시자 백부장은 이렇게 말한다. "주여 내 집에 들어오심을 나는 감당하지 못하겠사오니 다만 말씀으로만 하옵소서 그러면 내 하인이 낫겠사옵나이다"8절. 예수님은 백부장의 믿음에 놀라 "가라 네 믿은 대로 될지어다"13절라고 말씀하신다. 그러자 하인이 치유된다.

9장에서는 한 관리가 예수님에게 와서 청한다. "내 딸이 방금 죽었사오나 오셔서 그 몸에 손을 얹어주소서 그러면 살아나겠나이다"18절. 예수님이 가셔서 소녀의 손을 잡자 소녀는 살아난다. 관리의 집으로 가는 동안 12년간 혈루병을 앓아온 여인이 길을 막았다. 그 여인은 마음속(자기 대화)으로 '그 겉옷만 만져도 구원을 받겠다' 고 생각했다21절. 예수님의 겉옷을 만졌을 때 예수님으로부터 능력이 흘러나와 그녀는 치유되었다.

세 가지 기적이 각각 다른 방식으로 일어났다. 예수님은 매번 백부장에게 말씀하신 대로 "네 믿은 대로 될지어다"라고 하실 수 있으셨을 것이다. 하지만 그들이 무엇을 믿었는지, 그들의 생각이나 입으로 무엇을 말했는지에 따라 예수님이 어떻게 기적을 행하실지가 결정되었다. 백부장은 "일부러 저희 집까지 오지 않으셔도 됩니다. 그냥 말씀만 하소서."라고 했고, 관리는 "저희 집에 오셔서

손을 얹어주소서."라고 했다. 여인은 '겉옷만 만져도 되겠다.'고 생각했다. 그들이 믿은 대로 다 되었다! 위대한 능력은 우리의 생각과 말에 달려 있는 것이다.

잠언서는 이 주제를 더 확대하고 있다. "네 입의 말로 네가 얽혔으며 네 입의 말로 인하여 잡히게 되었느니라"잠 6:2. 그러므로 말을 조심하라. "악인에게는 그의 두려워하는 것이 임하거니와 의인은 그 원하는 것이 이루어지느니라"잠 10:24. 생각과 말은 현실을 만들기 때문에 조심하라는 경고다.

잠언 13장 3절에서는 이러한 경고가 덧붙여 있다. "입을 지키는 자는 자기의 생명을 보전하나 입술을 크게 벌리는 자에게는 멸망이 오느니라." 이 주제는 잠언 18장 21절에 다시 등장한다. "죽고 사는 것이 혀의 힘에 달렸나니 혀를 쓰기 좋아하는 자는 혀의 열매를 먹으리라." 잠언 기자는 생각과 말은 생명을 주는 힘이 있는 동시에 죽이는 힘도 있다고 말하고 있다. 모든 질병의 75~90퍼센트가 스트레스에 대한 신체반응에서 유발된다는 학설이 점차 받아들여지고 있는 지금, 두 잠언 구절은 중요한 점을 덧붙여주었다. 우리의 삶을 소모시키는 분노, 죄책감, 불안, 두려움을 계속해서 붙들고 있으면서 자신의 감정을 지배하는 힘이 되도록 허용하면, 삶 속에 죽음과 질병의 힘을 계속해서 허락하는 셈이 된다.

다윗이 시편 103편에서처럼 긍정적인 자기 대화를 연습하는 이유가 아마 여기에 있을 것이다. 그의 삶에 어떤 스트레스가 있었는지 모르지만, 그는 생각을 주의 깊게 지킴으로써 자기 통제를 유지했다. 그는 자신에게 주님을 송축하라고 말한다. 그리고 자신의 생각에 같은 말을 여러번 반복한 후, 자기가 왜 주님을 송축해야 하는지 여러 가지 이유를 열거한다.

> 내 영혼아 여호와를 송축하라 내 속에 있는 것들아 다 그의 거룩한 이름을 송축하라 내 영혼아 여호와를 송축하며 그의 모든 은택을 잊지 말지어다 1-2절

그 과정 중에 더욱 들뜬 다윗은 이렇게 시편을 마무리한다.

> 능력이 있어 여호와의 말씀을 행하며 그의 말씀의 소리를 듣는 여호와의 천사들이여 여호와를 송축하라 그에게 수종들며 그의 뜻을 행하는 모든 천군이여 여호와를 송축하라 여호와의 지으심을 받고 그가 다스리시는 모든 곳에 있는 너희여 여호와를 송축하라 내 영혼아 여호와를 송축하라 20-22절

이것은 보편 원리다. 성경 인물들의 삶뿐만 아니라 우리의 삶 속에서도 똑같이 일어난다.

감기에 걸릴 것이라고 생각하는가? 조심하라. 감기에 걸릴 것이다. 힘든 하루가 될 것이라고 생각하는가? 그렇게 될 것이다! 자녀들이 할머니 집에서 버릇없이 굴 것이라고 생각하는가? 틀림없이 그렇게 될 것이다.

말과 이미지의 힘

몇 년 전 내가 아는 한 사람이 자신의 어머니가 암으로 돌아가시는 모습을 지켜보았다. 장례식을 마치고 돌아오는 길에 그는 아내에게 "나도 암으로 죽을 것 같아."라고 했다. 그때부터 그는 자신에게 암이 있다고 확신했다. 처음에는 의사가 어떤 증상도 없다고 안심시켰다. 그러나 그는 확신을 버리지 않았고, 얼마 지나지 않아 종양이 발견되었다. 그리고 어머니가 돌아가신 지 1년이 채 못 되어 그도 암으로 죽었다.

당시에는 그의 말과 죽음 사이의 연결점을 전혀 생각하지 못했다. 그저 편안하지 않았던 기억만 있었다. 몇 년 후 1년을 넘기지 못할 것이라는 말기 암 진단을 받은 사람들에 관한 연구 결과를 접하면서 그 사건을 다시 떠올리게 되었다. 이런 연결점을 연구한 의사는 의학적 치료와 더불어 환자들에게 마음속에 시각적 이미지를 날마다 그려보라고 요구했다. 환자들에게 암세포를 외부의 악한 침입 세력으로 그리게 하고, 몸속의 백혈구가 아주 공격적으로 악한 암세포를 공격해 파괴시키는 장면을 그려보게 했다. 전투가 끝난 후 다른 백혈구들도 와서 함께 전쟁터를 청소하는 것도 그려보게 했다. 결과는 기적적이었다.

사이몬튼*Simonton* 박사와 그의 아내는 《마음의 의학*Getting Well Again*》에서 그의 연구 결과를 새롭게 썼다. 최근의 연구 결과는 훨씬 더 놀랍다. 말기 암의 증상이 완전히 사라졌을 뿐 아니라, 어떤 사람들은 관절염, 천식을 비롯한 고통스러운 다른 질환에도 같은 방식을 사용했을 때 증상이 완전히 사라지는 것을 보았다. 1년을 못 넘길 것이라고 했던 사람들은 예상보다 최소한 두 배 넘게 생존했을 뿐 아니라 더 적극적이고 정상적인 삶을 살았다. 사이몬튼 박사가 사용한 치료법과 다른 병원의 치료법 사이에 차이가 있다면, 사이몬튼 박사의 의료진은 생각, 즉 자기 대화의 힘을 활용했다는 점이다.

UCLA 통증클리닉 소장인 데이비드 브레슬러David Bressler 박사는 만성통증 환자들을 위해 일하고 있다. 이 환자들은 상해나 밝혀지지 않은 원인 때문에 만성통증을 겪는 사람들이다. 성공적인 치료법의 하나는 마음속의 시각적 이미지를 사용하는 것이다. 브레슬러 박사는 환자들에게 통증이 어떤 모양인지 시각화하라고 한다. 일단 마음속에 통증의 이미지를 시각화하면, 그 크기와 강도를 줄이면서 통증의 이미지를 변화시킨다. 그 과정에서 실제 통증의 크기와 강도도 줄어들었다!

나는 체중 문제를 갖고 있는 사람들과 많이 상담했다. 치료에서 가장 중요한 부분 중 하나는 클라이언트들에게 날씬해진 신체 이미지를 떠올리는 연습을 정기적으로 하게 하는 것이다. 20킬로그램이나 40킬로그램 더 날씬한 자신의 이미지를 떠올릴 수 있게 되면 과체중 조절도 한결 수월해진다.

생각은 상상을 초월한다. 다윗 역시 상상을 초월한 찬양으로 하나님을 높여 드렸다.

주께서는 내 장기를 지으셨고 내 어머니의 모태에서 나를 만드셨습니다. 내가 주를 찬양합니다. 주께서 나를 경이롭게, 멋지게 지으셨습니다. 주의 작품은 정말 놀랍습니다. 내 영혼이 너무나 잘 알고 있습니다. 시 139:13-14(우리말성경)

자기 대화를 가장 흥미롭게 적용하는 사례 중 하나는 과잉활동적이고 충동적인 아이들에게 적용할 때다. 도날드 마이켄바움 Donald Meichenbaum 박사는 이 아이들에게 과제 모델을 먼저 보여주었다. 모델링을 하는 어른에게는 과제 수행을 하면서 큰소리로 자신에게 무엇을 해야 할지 말하게 했다. 그후 아이들에게 똑같이 무엇을 해야 할지 소리내어 말하면서 같은 과제를 수행하게 했다. 스스로에게 가르치는 말을 소리내어 하게 했다가 점점 소리를 줄여서 속으로 하는 말이나 생각으로 내면화하게 했다. 선을 그리는 간단한 과제에서부터 자동차 운전을 배우는 복잡한 과제까지 다양한 과제가 진행되었다.

최근의 연구에서 마이켄바움 박사는 언어적, 내면적 방법뿐만 아니라 마음에서 시각 이미지를 사용해 아이들이 스스로를 가르치게 했다. 과잉활동적인 아이들은 특정 과제를 좀더 천천히 하는 이미지를 떠올리게 했다(예를 들어 아이들은 달리는 대신에 걷고 있는 자기 모습을 시각화했다). 그 과정에서 아이들은 효과적인 행동 조절법을 배우는 데 도움이 되는 새로운 신념체계를 갖게 되었다.

정신병원에서도 환자들을 대상으로 같은 실험을 했다. 정신분열증 환자들에게 스스로를 조절하는 자기 대화를 가르쳤던 것이다. 자기 대화는 환자 혼자 힘으로 밥을 먹는 등 스스로를 돌보는 일에 도움을 주었을 뿐 아니라, 환자 자신과 그 증상을 바라보는 시각을 개선하는 데 새로운 방법을 제공해주었다.

연구에 따르면, 과잉활동적이고 충동적인 아이들이나 정신분열증 환자들 모두 예전에는 언어를 내면화할 수 없었던 것으로 밝혀졌다. 그들은 조직화된 자기 대화 없이는 주변세계를 다룰 효과적인 방법이 없었던 것이다. 그결과, 가족들이나 사회의 문젯거리로 전락하고 말았다. 적절한 자기 대화라는 요소가 빠져 있었기 때문이었다.

이 모든 사례들은 자기 대화가 얼마나 중요한지 보여준다. 우리는 자신에게 어떤 때는 큰소리로, 대부분은 마음속으로 소리 없이 말한다. 결과는 늘 마찬가지다. 우리가 말하는 것이 삶을 살아가는 방식을 결정한다.

당신의 말하는 습관은 어떠한가? 가족들이나 친구들은 당신이 주로 어떤 표현을 한다고 여기는가? 이러한 것들을 대수롭지 않은 것이나 농담으로 치부해버릴지도 모른다. 그러나 당신의 말과 생각은 당신의 믿음이 어디에 있는지 말해주는 중요한 지표다.

다음 장을 읽기 전에 잠시 생각하는 시간을 가져보라. 당신은 주로 어떤 자기 대화를 하는가?

1 평상시의 자기 대화 목록과 바뀌었으면 하는 자기 대화 목록을 작성해보라. 두 가지를 비교해볼 때 어떤 감정이 느껴지는가?

2 이번주에 내뱉은 말들이 당신에게 일어난 일에 어떤 영향을 미쳤는가?

3 당신이 평상시에 말하는 표현들을 살펴보라. 믿음을 어디에 두고 있는 것 같은가?

chapter 4

상처를 치유하는 자기 대화

성장은 우리가 일생 동안 겪는 일 중에 가장 복잡하며 요구사항이 많은 과업이다. 아동발달에 대해 연구하면 할수록, 아이들이 비교적 건강한 성인으로 자라나는 데 필요한 부모 환경이 어떤 것인지에 대한 목록이 점점 더 길어진다.

모든 부모들은 자녀양육에 있어 불완전한 직무를 수행한다. 불완전하고 죄악된 세상에 살고 있기 때문에 어쩔 수 없다. 그러므로 우리가 왜 여러 가지 문제로 갈등하는지 알고 싶다면, 먼저 우리의 부모님들을 살펴봐야 한다. 그러한 갈등은 어쩔 수 없는 불완전함 때문에 그렇게 키울 수밖에 없었던 부모님들의 부적절함과 관련이 있을지도 모른다.

그러면 부모님은 왜 그렇게 했을까? 아마도 부모님들의 부모님이 부적절했기 때문이었을 것이다. 그러면 조부모님들은 왜 그렇게 했을까? 그분들의 부모님 때문이었을 것이다. 이렇게 거슬러 올라가다보면 결국에는 아담과 하와에게까지 이르게 될 것이다.

아담을 만나 왜 그렇게 했는지 물어본다고 하자. 아담은 핑계 될 부모가 없으므로 유일한 사람인 하와 탓을 할 것이다. "당신(하나님)이 주신 여자 때문입니다!" 하와에게 왜 그렇게 했는지 물어보면, 그녀는 책임을 돌릴 사람이 아무도 없으므로 재빨리 둘러댄다. "뱀이 나를 꼬였습니다"창 3:12-13. 죄의 실제 근원인 뱀에게로 가면, 상황을 정확하게 가늠하게 된다.

성장과 발달에서 빠져버린 빈틈은 '죄악된 인간으로 태어난 결과'라고 하면 정확한 답변이 될 수 있다. 어느 누구도 예외는 없다. 그러나 우리가 살아오면서 생긴 빈틈은 그것이 성장과정에서 생긴 것이든 다른 과정에서 생긴 것이든 결국 우리 자신의 경험이다. 그렇기 때문에 우리의 갈등은 어느 누구도 아닌 자기만의 고유 갈등이 된다.

무엇이 자기 대화를 형성시키는가

가정은 매력적이면서도 역설적인 곳이다. 가정은 늘 변화되기도 하지만 동시에 늘 똑같은 모습에 머물러 있기도 한다. 모순으로 들릴지 모르지만, 실제로 가정은 그러하다. 우리가 변화를 시도하면 어느 수준에서는 변화된다. 그러나 대개 표면적일 뿐, 진정으로 변화된 것은 없다.

내가 맏아들로서 경험한 가정은 여동생이 막내로 경험한 가정과는 꽤 다르다. 내가 태어났을 때 부모님의 관심은 완전히 내게 집중되었다. 집에는 오로지 부모님과 나 셋만이 있었다. 하지만 여동생이 태어났을 때는 이미 내가 존재하고 있었다. 여동생은 부모님의 관심을 나와 나누어 가져야 했다. 세 명이 아니라 네 명이 있었던 것이다. 성장하면서 내 속에는 늘 세 명으로 이루어진 가정관이 자리잡고 있었다. 여동생이 존재하지 않는 것처럼 생각했다.

그러나 다르게 가정을 경험하는 가운데에도, 너무나 똑같은 모습들이 있었다. 부모님이 부모 노릇을 제대로 하지 못한 빈 자리가 내게나 여동생에게나 똑같이 있었던 것이다. 부모님은 여동생과 나와의 관계에서 친밀감, 적절한 훈육, 경건 훈련 등에 있어 똑같은 한계를 가지고 계셨다. 우리 가정이 아무리 다른 방식으로 바꾸려고 애를 써도 정서적 친근감의 결핍, 대화 패턴, 문제 회피, 의사 결정 방식은 여전히 변하지 않았다. 이렇게 숨겨져 있는 패턴들은 대개 찾아내기 힘든 것들이었지만, 우리가 성인이 되어 겪은 갈등에 미친 영향력은 컸다. 변하지 않은 채 숨겨져 있던 패턴들은 그것이 긍정적이든 부정적이든 우리가 성인이 되어서 갖게 된 자기 대화의 기초를 놓는 메시지였다.

더욱이 부모의 부적절함이나 한계를 부각시키는 사건이 가정생활에서 가끔 일어난다. 예를 들면, 가족들의 질병이나 신체장애, 부모나 자녀의 알코올 남용이나 약물 남용, 부모의 정신질환, 자녀의 정신지체, 부모의 성도착증이나 성적 강박증, 가족들의 죽음이나 자살, 부모의 이혼, 재혼과 혼합가족, 한부모 가정의 갈등 등이다. 이러한 사건들은 가족체계에 스트레스를 가져오고, 자신, 타인, 세상, 하나님에 대해 갖고 있는 신념을 왜곡시킨다.

더욱이 어떤 가정에서는 자손 삼사 대까지 영향을 미치는, 성경에서 "아비의 죄"라고 일컫는 파괴적인 세대적 패턴이 존재한다 출 34:7. 이것은 이전 세대에서 일어난 방임이나 학대가 성인이 되고 난 뒤에도 우리 안에 자기 대화를 형성하는 데 얼마나 중요한지 보여준다.

자녀들의 삶을 형성하는 강력한 세력을 모두 통제할 수 있는 부모는 없다. 만약 우리 부모가 그 모든 세력을 통제하려고 애썼다면, 그 노력 자체가 또 다른 형태의 심각한 영향을 우리에게 미쳤을 것이다. 아마도 우리가 성인으로서 대처해 나가는 데 훨씬 더 비효과적인 방법을 답습하게 만들었을 것이다.

원가족(family of origin, 어린 시절에 성장한 가족)이 우리의 자기 대화 패턴과 삶에 대한 신념체계를 어떻게 형성했는지 이해하기 위해, 성장기에 경험할 수 있는 부정적 패턴을 살펴보자.

자녀가 부모 노릇을 할 때

어떤 사람들은 한쪽 부모나 양쪽 모두가 알코올 중독, 일 중독, 정서적 방임, 장기간의 부재 등으로 심각한 한계를 가진 경우가 있다. 이러한 상황은 가족 내에 리더십 부재를 만들며, 상당히 많은 경우 이러한 빈 공백을 메우려고 애쓰는 자녀들이 한 명 또는 여러

명 나타난다.

베키는 여덟 자녀들 중 첫째였다. 그녀의 기억으로는 어머니가 아마도 똑같은 문제로 여러번 다른 의사를 찾아간 듯했다. 성인이 될 때까지 그녀가 몰랐던 사실은 어머니가 다른 의사들을 만나 상당히 많은 진통제와 신경안정제를 구입했다는 것이다. 그녀의 어머니는 처방약품에 중독된 약물 중독자였던 것이다.

베키의 아버지는 세일즈맨이었다. 그는 일주일 내내 출장을 다니다가 주말이 되어서야 집에 오곤 했다. 집에 돌아오면 아내와 싸우는 데 시간과 에너지를 다 소진했다. 두 사람 중 누구도 부모 역할에 에너지를 쏟지 않았다. 대신 집안의 리더십 부재를 메운 사람은 베키였다. 베키는 결혼하기 직전까지 어머니와 형제들에게 엄마 역할을 대신했다. 그 때문에 베키는 학생들이 누리는 전형적인 활동을 할 시간이 전혀 없었다.

베키는 직업상 여행을 많이 하는 남자와 결혼했다. 몇 년 동안 여섯 아이들을 낳았으며, 40대가 된 지금은 탈진한 상태다. "저는 제가 기억하는 한 평생을 엄마로 살았어요. 삶에 다른 것은 없나요?"라고 그녀가 물었다. 함께 이야기를 나누는 동안, 남편이 자녀 문제에 전혀 관여하지 않는 것을 덮어줘야 하며 그녀가 느끼는 필요는 이기적이라는 왜곡된 생각을 불러일으킨 것은 다름 아닌 그녀의 자기 대화임이 분명해졌다. 그녀의 자기 대화는 다음과 같은 생각들을 담고 있었다.

내가 하지 않으면 누가 이 모든 것을 보살피겠어?

나는 책임감이 있어야 해. 절대 엄마처럼 되어서는 안 돼.

나는 남편이 아이들에게 하는 것을 신뢰할 수 없어. 아이들 생일도 제대로 기억하지 못하는데 어떻게 아이들을 잘 돌볼 수 있겠어?

집과 관련된 모든 것을 돌보는 것은 내 일이야. 나는 내 일을 다 해야만 해. 그렇지 못하면 나는 실패자가 되고 아이들이 고통을 겪을 거야.

가족이나 친구들이 자신의 삶을 즐기라고 설득하려고 들면, 그녀는 스스로 논쟁에 부딪힐 것이다. 베키가 알고 있는 존재방식은 오로지 부모 노릇을 하는 것이다. 그녀가 기억하는 한 오래전부터 항상 그래 왔기 때문이다.

경계선 침범으로의 피해

경계선은 사람들 사이의 신체적, 정서적 공간을 말한다. 경계선은 나로 하여금 내가 되게 하고 상대방으로 하여금 상대방이 되게 한다. 우리의 신체적 자아를 구분해주는 피부도 경계선에 속한다. 우리는 구별된 개인이 어떤 의미인지 깨닫게 하고 지지해주는 가정 안에서 경계선에 대해 처음 배운다. 구별된 개인이 된다는 것은 가족 내의 모든 사람들과 다른 별개의 존재가 되는 것이다. 그렇게 함으로써 세상에 있는 모든 사람과도 다른 별개의 존재가 된다.

어떤 가정에서는 가족 사이의 경계선이 경직되어 있다. 가족들

간에도 나눔이 거의 없다. 물론 가족 밖의 사람들과도 나눔이 거의 없다. 이런 유형의 가정에서 자라난 사람은 성인이 되면 어느 누구와도 가까워지기가 힘들다. 때때로 관계 초기에는 다른 사람에게 친근함을 느낀다. 그러나 그 느낌은 금방 두려움으로 바뀐다. 두려움은 거절감이나 버림받은 느낌, 통제당하는 느낌이 될 수 있다. 두려움이 그들의 삶을 장악하면 친근감은 금세 사라진다.

반대로 어떤 가정에서는 경계선이 느슨하다. 부모는 자녀들의 삶을 침범하며, 형제들 간의 개별성은 존중되지 않는다. 모든 사람이 서로에게 속해 있어서, 결국 진정으로 누군가에게 속해 있는 것은 아무것도 없다. 이런 유형의 가정에서 성장한 사람은 성인이 되면 독립성과 자율성에 어려움을 겪으며, 개별성을 허용하지 않는 의존적 관계에 더 편안함을 느낀다. 때때로 상대방이 자신의 생각을 읽어낼 수 있거나 숨겨진 동기를 자신보다 더 잘 알 것이라고 믿는다. 그들은 자신의 생각을 말하는 데 별로 확신이 없다.

느슨한 경계선이든 경직된 경계선이든, 경계선 문제는 삶 속에 일어나는 일들에 대한 우리의 이해와 신념에 깊은 영향을 미친다. 자신, 타인, 세상, 심지어 하나님에 대한 인식까지도 말이다. 이런 경계선 패턴은 종종 여러 세대에 걸쳐 끊임없이 나타나며 변화되기 어렵다. 많은 경우 이런 가정에서는 변화되고 있는 것처럼 보이지만, 단지 표면적 변화에 불과하다. 그 이면에는 모든 것이 그대로 머물러 있다.

경계선 문제를 갖고 있는 가정에서는, 부모가 자녀들에게 직접

피해를 주거나 다른 사람들이 특정 방식으로 자녀들을 학대하지 못하도록 보호해주지 못한다. 이런 가정에서 자란 아이들은 자신과 타인 사이의 경계선이 분명하지 않기 때문에, 성장하면서 관계를 맺으려고 시도하다가 더 깊은 상처나 착취에 노출되기도 한다.

자기 대화에 직접적 영향을 미치는 경계선 문제의 또 다른 예로는, 신체학대나 성학대, 아이들의 프라이버시를 지속적으로 침범하는 것, 부모에게만 해당되는 내용을 아이들에게 털어놓는 것, 위세대와 아래 세대 간에 자연히 있어야 할 경계선을 혼란스럽게 하는 행동 등이 있다.

수치심과 무가치감의 핵심에 흐르고 있는 자기 대화 패턴은 종종 성장과정에서 겪은 경계선 침범에 뿌리를 두고 있다. 이러한 침범은 왜곡된 신념체계를 부추기는 데서 그치지 않는다. 연구에 따르면, 경계선 문제가 있는 가정에서 성장하면 불안에 의해 생기는 신체증상을 점점 크게 겪는다고 한다. 이러한 신체증상은 어린 시절에도 나타날 수 있지만 성인기에 더 많이 나타난다.

만성적인 거절감

거절감은 자기 대화에 심각하게 영향을 미치는 원인 중 하나다. 만성적으로 거절감을 느끼는 경우 그 참상과 폐해는 심각하고 깊다. 그러한 거절감을 반영하는 자기 대화는 자신에 대한 수치스러움으로 가득할 것이다.

학대받은 아이들은 관심을 너무나 갈망하기 때문에 부모의 관

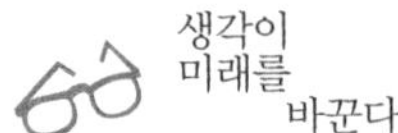

심을 조금이라도 받을 수만 있다면 어떤 학대도 견뎌낸다. 그러나 그것은 거절감에 기반을 둔 관심이다. 학대당한 경험을 거슬러 올라가보아도 항상 거절감으로 끝날 것이다.

그러나 아이들이 만성적인 거절감을 가진 채 자라나는 또 다른 이유가 있다. 예를 들어 어떤 가정에서는 아들을 무시하고 딸을 떠받든다. 반대로 어떤 가정에서는 딸을 거부하고 아들만 용납한다. 때때로 거절감과 편애는 가정 내에 대대로 전수되는 패턴이기도 하다. 이것은 아브라함의 가계에서 찾아볼 수 있다.

아브라함의 아들 이스마엘은 여종 하갈에게서 태어났지만 사라의 아들로 여겨졌다. 마침내 오랜 불임의 세월 끝에 사라가 그토록 기다리던 아들을 갖게 된 것이다.

처음에는 생모인 하갈이 같이 사는 게 문제가 되지 않았다. 결국 그녀는 사라의 여종이었으며, 여종은 자기가 낳은 아이조차도 주장할 수 없었기 때문이다. 아브라함과 사라의 이웃들이 방문했을 때 "하갈의 아들은 어떻게 지내나요?"라고 묻지 않았다. 그들은 "사라, 당신 아들을 보여줘요."라고 청했다.

15년 동안 아브라함과 사라는 그 아들을 기뻐했다. 그러나 하나님의 사자가 와서 아브라함에게 하갈을 통해 낳은 아들은 하나님이 약속하신 아들이 아니라고 전하며, 사라가 직접 아들을 낳을 것이라고 예고했다. 9개월 후 이삭이 태어났고, 대대로 전수되는 편애와 거절의 패턴이 가동되기 시작했다.

오래지 않아 사라는 진짜 아들인 이삭에게 사랑과 헌신을 돌렸다. 이삭은 곧 젖을 뗐다. 그런데 잔칫날 이삭을 괴롭히는 이스마엘을 본 사라는 아브라함에게 이스마엘과 그의 생모를 멀리 보내버리라고 청했다! 아브라함은 매우 괴로워했다. 이스마엘 역시 아들이었기 때문이다창 21:11. 아브라함에게는 이삭이나 이스마엘이나 똑같이 아들이었다. 그로서는 이스마엘을 멀리 보내는 것이 쉽지 않았다. 그러나 그는 그렇게 했다. 아브라함 가계의 첫세대에서 한 아들은 거절하고 다른 아들은 총애한 결과, 그중 한 명을 멀리 보내게 된 것이다.

세월이 흘러 결혼 준비를 할 때, 이삭이 속으로 '아이를 낳으면 나는 절대로 편애 따위는 하지 않을 거야!' 라고 생각하지 않았을까 싶다. 그는 형을 알고 있었다. 함께 아버지 아브라함을 장사했기 때문이다. 이스마엘이 멀리 떠난 후 이삭은 아마 형을 그리워했을 것이다. 그래서 이삭은 자기는 그렇게 하지 않을 것이라고 맹세했다. 첫아들이 태어났을 때 내가 그런 식으로 말했던 것을 기억한다. '나는 아버지와는 다르게 할 거야. 나는 아들을 알아가기 위해 시간을 함께 보낼거야.'

우리가 흔히 볼 수 있는 자기 대화 중 한 가지는 바로 "나는 다르게 할 거야." 패턴이다. 그러나 시간이 흐르면서 변화에 대해 말하기는 쉽지만 실제로 그렇게 행하기란 거의 불가능할 정도라는 것을 깨닫는다. 표면적으로는 다르게 행동하지만 그 이면에서는 패턴을 바꾸지 않으려는 저항이 너무나 강해서, 그렇게도 피하고 싶은 행동을 행하는 결과를 초래하고 만다.

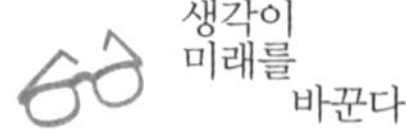

이삭의 가정은 표면적으로는 달랐다. 아버지 아브라함처럼 두 아들이 있었지만 이번에는 쌍둥이였다. 그런데 처음부터 가정 전체가 둘로 나뉘었다. 리브가는 야곱을 사랑했다. 그는 결국에 형을 다스리게 될 것이라고 하나님이 말씀하신 귀엽고 유쾌한 아기였다. 이삭은 에서를 사랑했다. 특별히 사냥과 낚시처럼 남성다운 것을 즐기면서 자란 젊은이였다.

이삭은 아버지와 다르게 할 것이라고 맹세했음에도 불구하고, 그의 가정에서는 여전히 거절감이 문제였다. 이제는 한쪽 부모가 한 아이를 거부하고, 거절당한 아이는 다른 부모가 수용했다. 거절의 패턴은 달랐지만, 결과는 똑같았다.

사건과 결과가 어떻게 연속되는지 보라. 야곱이 늙은 아버지를 속이고 형의 축복권을 훔쳤다. 에서는 격분하여 미칠 지경이었다. 분노에 찬 에서는 야곱을 죽일 계획을 세웠다. 비극을 피할 방법은 한 가지, 야곱을 멀리 보내는 것이었다. 그래서 두번째 세대 역시 한 아들이 멀리 떠나게 되었다. 그러나 문제가 얼마나 더 심각해졌는지 보라. 첫세대에서는 사라의 질투 때문에 이스마엘을 멀리 보냈다. 두번째 세대에서는 목숨을 잃을 두려움 때문에 야곱을 멀리 보냈다.

야곱은 편안한 집에서 떠나고 싶지 않았을 것이다. 아마 그도 가정을 갖는다면 반드시 다르게 할 것이라고 맹세했을 것이다. 그런데 결과는 똑같았다. 그가 다른 점이 있다면 두 명의 아내, 레아와 라헬과 결혼했다는 점이다. 그가 애초에 그럴 의도를 품고 있었던 것은 아니었다. 외삼촌 라반의 조작이 있었다. 그래서 야곱은 한 아내를 편애하고 다른 아내를 거절하는 선택을 하게 된다. 여러해 동안 거절당한 아내 레아는 연달아 아들을 낳았다. 당시 문화에서는 남편의 총애를 받는 확실한 방법이었다. 그러나 야곱은 여전히 라헬만 사랑했다. 마침내 라헬이 요셉을 낳자, 라헬과 야곱은 요셉만 편애하고 계속해서 다른 아들들은 거절했다.

부모의 편애로 요셉은 버릇없는 꼬마가 되었다. 그는 거만하고 자기 과시적이면서도 형들이 자신을 미워하는 것조차 모를 정도로 순진했다. 형들의 원망이 점점 커져갔고 어느 날 형들은 들판에서 요셉을 죽일 의도로 구덩이에 빠뜨렸다. 하나님께서 노예 상인을 보내주시고 형들이 요셉을 죽이는 대신 팔기로 작정함에 따라 그는 겨우 생명을 보존했다. 아브라함의 가계에서 세번째 세대에서 일어난 일이었다. 만성적 거절과 편애의 패턴은 더 심해졌다. 다시 한 번 한 아들이 멀리 떠나갔다. 이번에는 그를 죽이려던 형들로부터 가까스로 벗어난 형태였다.

이렇게 하나님을 경외하는 가정에서, 삼대에 걸쳐 한 아이를 편애하고 다른 아이는 거절하는 패턴이 반복되었다. 각 세대는 똑같은 결과를 경험했다. 한 아들이 멀리 떠나야 했다. 거절과 편애의 패턴은 거절당한 쪽이나 총애받은 쪽 모두에게 대가를 요구한다. 외부 사람이 뛰어들어 역기능의 균형을 바로잡지 않는 이상, 왜곡된 신념체계와 자기 대화가 깊게 배어 있는 가족들은 파괴적 패턴을 반복하는 방식으로만 행동할 것이다. 과거를 변화시키려면 이전과는 다르게 행동하겠다고 맹세하는 것이 중요한 것 같지만, 그 이상의 것이 분명 요구된다.

내면 깊숙한 곳의 상처

모든 사람이 경계선 침범이나 만성적 거절 문제를 겪는 것은 아니다. 그러나 자기 자신이나 사랑하는 사람들을 두려워하게 만드는 사건을 기억하고 있는 사람들이 많다. 우리는 삶 속에서 일어난 사건이 두려움이 되어 우리의 사고방식과 행동방식을 발달시킨다.

게리Gary의 사춘기 시절, 그의 어머니는 여러해 동안 아팠고, 끊임없이 죽음의 문턱에서 헤맸다. 게리는 마음 졸이는 시간을 보내면서 전등을 지나칠 때마다 스위치에 손을 대는 강박증적 패턴이 발달되었다. "전등 스위치를 하나라도 만지지 못하면 엄마가 죽을 것이라는 느낌이 들었어요." 게리는 강박증적 행동을 통해 불안을 줄였지만, 시간이 흐르고 어머니가 병에서 회복된 후에도 불안해질 때마다 강박증적 행동에 빠졌다. 점점 더 많은 시간을 전등 스위치를 만지는 데 시간을 보내면서 종종 자기가 제대로 만졌는지 확인하기 위해 걸음을 되돌리기도 했다. 그의 어머니는 더 이상 아프지 않았지만, 어머니가 죽을지도 모른다는 불안을 줄이기 위해 사용된 강박증적 패턴은 이제 눈에 띄게 늘어났다. 매일매일 그의 생각과 행동은 이 패턴을 중심으로 돌아가는 일이 많았다.

때때로 우리는 확대가족이나 이웃에서 일어난 일로부터 깊은 영향을 받을 수 있다. 특히 그 상황에서 부모님이 우리를 정말로 지켜주지 않았다고 느낄 때 더욱 그렇다. 예를 들어 어렸을 때 형제를 잃었는데 부모님이 깊은 슬픔에 빠져 남은 자녀들을 사랑할 여력이 없었거나 자녀들이 슬픔을 다루도록 도와주지 않았을 수도 있다. 또는 친구 한 명이 노출증 환자를 만난 적이 있다는 이야기를 듣고 극단적인 두려움이 생긴 부모가 자녀의 활동을 지나치게 제한했을 지도 모른다.

이 경우, 부모들은 고통이나 두려움에 압도되어 안전감을 줄 수 없다. 그결과 우리에게는 상처받기 쉽다는 느낌과 불안이 남았고, 그 느낌은 우리 자신과 세상에서의 안전에 대한 생각과 신념을 형성할 때 외상 사건의 영향을 더 많이 받게 한다.

부모의 왜곡된 신념

때때로 부모와 가족들의 왜곡된 생각이나 한계 때문에 부정적인 자기 대화가 형성될 수 있다. 어떤 부모는 가족들의 약물 남용이나 부부 갈등과 같이 더 중요한 문제는 완전히 무시하면서 특정 주제에만 강박적으로 매달린다.

찰리Charlie의 부모가 그러했다. 그의 기억에 따르면, 형이 약물을 남용하고 학교를 빠지기 시작했을 때 집에서는 아무 말이 없었다. 여러해 동안 부모님은 교회 목사 문제에만 강박적으로 매달렸다. 부모의 왜곡된 모습을 따르지 않으려고 애썼던 찰리는 자녀들에게 정반대의 왜곡된 모습을 보이고 말았다. 교회 문제는 절대로 입밖에 내지 않았던 것이다. 이처럼 종종 부모의 왜곡된 모습은 우

리의 사고 패턴 속에 똑같이 왜곡된 생각이나 반응을 낳는다.

우리는 다른 것들도 배운다. 예를 들어 가족 내에서 특정 부분에 대해 말하는 것은 금지된다는 신념을 배운다. 많은 가정에서 분노는 아이들에게 금지되지만 어른들에게는 허용된다. 어린아이인 우리가 화를 내면 처벌을 받지만, 부모는 언제나 화를 낼 수 있다. 부모의 그런 행동은 부모에게 들은 말과는 완전히 다르다.

우리는 자신과 타인, 세상, 하나님, 관계의 속성을 갖게 된다. 원가족에서 겪은 경험을 살펴보는 목적은 이런 기본신념이 발달되는 데 깊은 영향을 준 행동 패턴과 사고 패턴이 무엇인지 살펴보기 위해서다. 우리는 자신이 붙들고 있는 왜곡 때문에 자기 파괴적 생각과 말의 패턴에 고착된다. 우리는 자신과의 내적 대화를 통해 자신을 파괴한다. 그것이 바로 자기 대화다. 그리고 대개 우리는 왜곡된 사고에 도전하지 않을 법한 사람들, 곧 우리의 왜곡된 생각을 강화시켜서 도전하거나 바꾸기가 더 어려워지게 하는 사람들을 가까이한다.

나를 알면 신념을 바꿀 수 있다

여러해 동안 자기 대화를 힘들게 다뤄온 사람들이 생각과 말 속의 파괴적 패턴을 깨뜨리려고 시도했지만 실패하자, 깊이 좌절했다는 이야기를 들었다. 나는 그들과 깊이 있는 이야기를 했고 그들이 이 책에서 묘사한 역기능 패턴을 어린 시절에 한 가지 이상 경험했다는 것을 알 수 있었다. 왜곡된 자기 대화에서 자유케 되려면 원가족을 더 잘 이해하고 그것이 삶에 미친 영향을 더 잘 이해해야 했다.

이 장 서두에 인용한 이사야서 말씀은 삶에서 변화를 원할 때 어디로 가야 할지 말해준다. 이사야는 "구원을 찾으며 여호와를 찾는" 우리에게 자신의 뿌리와 조상을 생각해보라고 이야기한다. 너희를 떠낸 반석과 너희를 파낸 움푹한 구덩이를 생각해보라고 말한다. 내가 자랄 때 아버지의 친구들은 나에게 "넌 아버지를 쏙 빼닮았구나!"라고 말씀하시곤 했다. 나를 이해하려면 나를 떠낸 반석을 이해해야 한다. 내 뿌리를 이해해야 한다.

우리를 떠낸 반석과 우리를 파낸 움푹한 구덩이를 생각해보는 데 도움을 주는 목록들이 있다. 곰곰이 생각해보고 답해보라.

자신에 대한 신념

자라는 동안 당신은 어떤 아이였는가?

자신에 대해 좋아한 점과 싫어한 점은 무엇인가?

어린 시절에 또래 아이들과 어른들은 당신을 어떤 눈으로 바라보았는가?

당신이 잘하는 것, 잘하지 못하는 것은 무엇이었는가?

어린 시절에 달라졌으면 하고 바랐던 환경이나 자신의 모습은 무엇이었는가?

당신이 자신에 대해 늘 말했던 생각이나 말은 무엇이었는가?

당신의 지적 능력, 외모, 친구, 능력에 관해 들었던 말 중 기억나는
것은 무엇인가(가능하면 긍정적인 말과 부정적인 말을 다 생각해보라)?

당신은 오늘날 칭찬을 어떻게 다루는가?

당신은 오늘날 누구를 신뢰하며, 그 이유는 무엇인가?

다른 사람들에 대한 신념

당신의 어머니(아버지, 형제들)를 묘사하는 형용사 세 가지를 적어보라.

어린 시절 어른들에 대해 어떻게 생각했는가(선생님, 다른 아이들, 일반적인
부모들)?

자라면서 부모님께 들어온 말을 고려할 때, 부모님이 다른 사람들에
대해 갖고 있는 신념은 어떤 것이었는가?

당신이 좋아하는 어른은 누구였으며, 그 이유는 무엇인가?

다음 말을 완성해보라: 함께 있으면 여전히 위협감이 느껴지는 사람
은…

세상에 대한 신념

미래를 생각할 때 어떤 것이 떠오르는가?

과거를 생각할 때 기억하지 않으려고 애쓰는 것은 무엇인가?

오늘날 세상에서 당신이 가장 좋아하는 것 혹은 제일 싫어하는 것은
무엇인가? 성장기에는 무엇이었는가?

이 세상에서 고쳐야 할 것이 무엇이라고 생각하는가?

당신이 지지하거나 지지하지 않는 정치적 문제는 무엇이며, 그 이유

는 무엇인가? 당신은 가족의 입장을 따르는가 아니면 가족과 반대 입장인가?

하나님에 대한 신념

현재 하나님과의 관계에서 당신이 가장 경험하기 어려운 부분은 무엇인가?

그런 갈등은 당신이 자라날 때 부모님께 느꼈던 감정과는 어떻게 비슷한가?

다음 문장을 완성하라: 하나님이 좀더 이러셨으면 하고 바라는 부분은…

기타 신념

당신의 가족은 갈등을 어떻게 다루었는가?

당신의 가족들이 서로 관계하는 방식에서 어떤 부분이 달랐으면 하고 바라는가?

가족 내에서 종종 논의되는 것은 무엇이며, 절대로 이야기하지 않는 부분은 무엇인가?

어린 시절 혹은 십대 시절에 화가 나면 주로 어떻게 했는가?

가정에서 누가 말하는 편이고, 누가 말하지 않는 편이었는가?

당신 가정의 좌우명은 무엇이었는가?

이 질문들을 생각해보는 목적은 성장기에 선택했고 이제는 자

기 대화의 기초가 된 깊은 신념체계를 정확히 파악하기 위해서다.

자신에 대해 현재 갖고 있는 왜곡된 인식은 당신에게 중요한 사람들과의 관계에서 평생에 걸쳐 축적된 경험에 바탕을 두고 있다. 성장하면서 부모로부터 거절의 메시지를 받았다면, 주변 환경을 거절의 신호로 받아들는 사고 패턴이 여러해 동안 발전되었을 것이다. 노골적인 거절을 피하기 위해 아마도 자신을 비난하거나 다른 사람들로부터 비난의 메시지를 흡수할 것이다. 자신의 부적절함과 결함에 지나치게 신경을 써서 자신에 대한 모든 부정적 메시지를 보완하려는 방편으로 과식을 하게 되어, 자신에 대해 이미 갖고 있는 부정적 느낌을 강화시키는 일만 초래했을지도 모른다.

아동 성추행과 같은 개인적 경계선 침범을 겪은 사람은 성인이 되면 자신에게 일어난 일을 자기 탓으로 돌리는 사고 패턴을 발전시킬 것이다. 한 젊은 여성은 5~6세 때 오빠에게 성추행을 당한 원인이 오빠 앞에서 도발적으로 춤을 췄기 때문이라고 믿고 있었다. 그녀는 그 끔찍한 일에 대해 스스로를 질타하는 자기 대화를 여러해 동안 해왔다. 다섯 살짜리가 어떻게 성적으로 도발적일 수 있는지 내가 묻자, 그녀는 "그렇게 물으시니 그게 사실이 아닌 것을 알겠어요. 하지만 전 항상 그 생각을 떨칠 수 없었어요."라고 대답했다.

자신에 대해 왜곡된 메시지를 갖게 되면, 들은 말 중에서 왜곡된 생각을 지지하는 말만 추려낸다. 이 젊은 여성의 경우, 성인이 되어 성적 순결을 지킨 세월은 별 것 아닌 것으로 치부하고, 십대 때 잠깐 남자를 만나 욕구는 있었지만 아무 일도 없었던 사건을 크게 부풀렸다. 그녀는 성추행을 당한 책임이 자기에게 있다고 증명하기 위해 자신의 욕구를 정욕적인 것으로 과장했던 것이다.

왜곡된 생각이 모두 부정적인 말에서 비롯된 것은 아니다. 때로 우리는 긍정적이지 않은 것을 긍정적으로 강조함으로써 자신을 바라보는 시각을 왜곡한다. 예를 들면, "나는 내게 일어난 일 때문에 다른 사람처럼 화를 내지 않는다." "나는 아주 태평스러운 사람이다." "나는 윗사람이 나를 어떻게 보는지 염려하지 않는다. 나는 회사에 너무나 중요한 사람이라서 그들이 어떻게 하지 못한다."라는 말을 한다. 여기에는 사실을 왜곡하는 부인^{denial}이 깔려 있다.

비록 그것이 소위 긍정적인 방향임에도 불구하고 위험스럽다. 좀더 주의 깊게 살펴봐야 할 자신의 모습을 배제하기 때문이다. 태평스럽다는 사실은 때로 좋지만, 이따금 다른 사람과의 갈등을 잊어버리기 위한 수단으로 사용하기 위해 자신을 그렇게 묘사할 때도 있다. 실제로는 무책임한 행동인데도 말이다. 회사에 너무 중요한 사람이기 때문에 윗사람이 자신을 어떻게 보든 걱정하지 않는다는 사람은 어쩌면 그 일자리를 잃을 뿐만 아니라 그런 태도 때문에 계속해서 일자리를 잃을 것이다.

자신을 긍정적으로 여기는 이러한 왜곡된 생각들은 부모가 우리의 무책임함을 변명해주면서 생긴 것들이다. 비록 긍정적인 생각이라도, 우리 마음속에 들어오는 모든 생각들은 예외 없이 점검해야 한다.

나를 아는 것의 중요성

이 장의 목적은 두 가지다. 첫째, 우리가 갖고 있는 자기 대화의 뿌리를 아는 것이 중요하다. 의미 있는 삶의 변화를 위해서는 깨달음을 넓히는 것이 우선적이면서도 가장 중요한 필수요소다.

예레미야는 "상처가 없다는 말로는 상처를 치료할 수 없다!"고 말했다 렘 6:14(TLB). 자기 대화의 경우, 우리가 가진 신념체계의 뿌리를 많이 알면 알수록 거짓된 신념의 기초가 흔들리기 시작할 것이며, 더 정확하고 성경적인 바탕을 가진 신념이 생겨나게 될 것이다.

둘째, 이 장은 다음 장에 나오는 연습을 시도하려는 사람들과 파괴적 자기 대화 패턴을 깨뜨리려고 했지만 실패하고 점점 좌절감을 느끼는 사람들에게 특히 중요하다. 다음 장을 읽어나가면서 아무리 노력해도 변하는 건 없어 보이고 좌절감만을 느낀다면, 이 장으로 돌아와 당신의 삶에 미친 원가족의 영향을 주의 깊게 살펴보라. 변화의 열쇠는 과거를 이해하는 데서 찾을 수 있다.

때때로 우리는 과거를 직시하는 것에 저항하기도 한다. 어떤 면에서 부모님에게 불명예를 줄까봐 두려워하기 때문이다. 하나님과 함께하는 진리를 향한 탐색은 부모님을 결코 불명예스럽게 만들지 않을 것이다. 사실, 부인이나 이상화를 통해 기억을 왜곡시키는 것이야말로 참으로 과거를 불명예스럽게 평가하는 것이다. 과거를 사실이 아닌 것으로 만들어버리기 때문이다. 진리가 우리를 참으로 자유케 할 것이기에 진리를 찾아갈 때 두려워하지 말아야 한다. 그러나 진리를 찾는 길은 결코 비난하거나 비교하기 위한 변명거리가 될 수 없다. 그것은 우리 자신을 찾아가는 길이다. 그 목적은 우리 내면에 있다.

1 당신이 자라면서 배운 여러 가지 왜곡된 생각을 살펴볼 때, 가족 배경에서 어떤 것이 더 왜곡되었는가? 자신, 타인, 세상, 하나님에 대한 왜곡된 생각은 무엇이었는가?

2 엄마나 아빠를 빼닮았다는 말을 듣게 되면 당신은 어떤 말이나 사고 패턴에 빠지는가?

3 자기 대화를 형성하게 한 당신의 가족 패턴은 무엇이었는지 생각해보라.

상처없이 분노 해결하기

chapter 5

상처없이 분노 해결하기

분노는 익살스럽거나 심술궂은 모습을 띨 수 있다. 교활한 비평이나 언어로 한 대 치는 듯한 형태를 띨 수도 있다. 그러나 분노를 가장 흔히 발견할 때는 감정을 폭발시킬 때다. 그러한 분노의 형태가 너무 유치해 보이기 때문에 우리는 갈등한다. 결국 성인은 분노를 표현하는 데 있어서 더 치밀하고 현명해야 한다.

어쩌면 분노 때문에 우리에게 그렇게 문제가 많은 것도 그 때문일 것이다. 우리들 대부분은 화가 많이 났으면서도 그것을 전혀 알아차리지 못하는 경우가 많다. 어떤 이들은 화가 난 것은 알지만 그 감정을 어떻게 처리할지 몰라 덫에 걸린다. 화나지 않은 것처럼 가장하지만 내면은 혼란 상태이다. 내면의 폭동이 아주 사소한 자극에도 폭발할 위험이 있다.

많은 사람들이 분노에 대해 혼란스러워한다. 지금껏 분노가 있어서는 안 된다고 배웠기 때문이다. 분노는 정당한 것이며 인간의 자연스러운 감정임을 재확인할 필요가 있다. 화난다고 느낄 만한 이유가 있을 때가 있다. 사람들이 무시하거나 누군가가 우리나 우리 가족에게 상처를 주려고 할 때가 있다. 아이가 부모에게 맞아 죽었다는 뉴스를 듣거나, 기아로 죽어가는 아이들의 사진을 보기도 한다. 그럴 때가 바로 분노를 느껴야 할 때다. 분노를 받아들여라. 분노도 하나님이 만들어주셨다.

어떤 이들은 반박한다. "하지만 나는 화난 적이 없어요!" 만약 내 말이 그렇게 들린다면, 당신을 화내는 사람으로 만들 의도가 아님을 알아주기 바란다. 그러나 한번도 화난 적이 없다면, 당신은 삶의 일부를 놓치고 있는 것이다. 다른 종교에서는 훈련을 통해 분노를 부인하도록 강요받는 사람들이 많다. '의분(義奮)'은 예수님께는 허용되고 극단적 상황일 때는 우리에게도 허용될 수 있지만 분노는 허용될 수 없다고 말이다! 이 장을 이해하고 당신의 감정을 더 잘 이해하려면, '분노'라는 단어를 '성가심, 좌절, 짜증'으로 바꾸어 보면 된다.

분을 내되 죄는 짓지 말라

어느 누구보다도 분노 문제로 많은 갈등을 겪었던 사람은 사도 바울이었던 것 같다. 바울은 정말로 화와 씨름했다. 원래 화가 많은

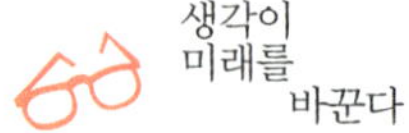

사람이었기 때문이다.

바울이 되기 전의 사울은 기독교 교회에 격분한 사람이었다. 유대인들에게는 의로운 분노로 불렸겠지만, 실제로 바울은 극단적으로 화내는 사람이었다.

사울이 거듭나 바울이 되었을 때, 그는 분노의 파괴성을 직시했다. 그래서 초대교회에 편지를 보내 끊임없이 분노와 관련된 위험성을 경고했다. "이제는 너희가 이 모든 것을 벗어버리라 곧 분함과 노여움과 악의와 비방과 너희 입의 부끄러운 말이라"골 3:8.

바울이 분노에 대해 어떻게 느끼는지 가장 잘 보여주는 말씀이 갈라디아서에 나온다. 그가 분노를 어디에 놓고 있는지 주목하라. "육체의 일은 분명하니 곧 음행과 더러운 것과 호색과 우상 숭배와 주술과 원수 맺는 것과 분쟁과 시기와 분냄과 당 짓는 것과 분열함과 이단과 투기와 술 취함과 방탕함과 또 그와 같은 것들이라"갈 5:19-21. 바울에 따르면, 우리는 분노를 없애야 한다! 목록에 있는 다른 모든 것들은 행동이나 태도인데 분노는 유일하게 거론된 감정이다. 우리는 목록에 있는 어떤 것도 삶의 일부분이 되게 해서는 안 된다.

바울은 분노라는 감정에 깊은 관심을 갖고 있었다. 그런 분투는 그가 경건한 유대인이자 바리새인이라는 사실에 기인한다. 그는 구약성경을 잘 알고 있었다. 구약성경에는 분노라는 단어가 450번 기록되었다. 이 구절 중에 75퍼센트가 하나님의 분노와 관련해 사용되었다. 나머지는 구약의 위대한 믿음의 사람들의 분노를 묘사하는 데 사용되었다. 바울의 갈등을 복잡하게 만드는 것은 바로 예수님의 분노였다.

> 예수께서 다시 회당에 들어가시니 한쪽 손 마른 사람이 거기 있는지라 사람들이 예수를 고발하려 하여 안식일에 그 사람을 고치시는가 주시하고 있거늘 예수께서 손 마른 사람에게 이르시되 한가운데에 일어서라 하시고 그들에게 이르시되 안식일에 선을 행하는 것과 악을 행하는 것, 생명을 구하는 것과 죽이는 것, 어느 것이 옳으냐 하시니 그들이 잠잠하거늘 그들의 마음이 완악함을 탄식하사 **노하심으로 그들을 둘러보시고** 그 사람에게 이르시되 네 손을 내밀라 하시니 내밀매 그 손이 회복되었더라 막 3:1-5

이제 바울은 분노에 대한 그의 관점과 예수님의 경우를 어떻게 조화를 이루어야 할까? 그는 분노가 육체의 일, 즉 죄라고 말한다. 그러나 구약 곳곳에 하나님의 분노가 나타나고 예수님도 때때로 분노하셨다.

바울이 그 딜레마로 얼마나 마음을 졸였을지 상상해보라. 그는 감옥에 있으면서 에베소 교인들에게 부지런히 편지를 썼다. 어쩌면 당시 바울은 어떤 일로 인해서 매우 화가 났을지도 모른다. 분노에 대한 그의 갈등은 마음속 표면으로 떠올랐다. 그는 애써 잠을 이루려고 이리 저리 뒤척이다 갑자기 일어난다.

"아! 이제 알았다!" 바울은 흥분해서 대필자 두기고를 비롯해

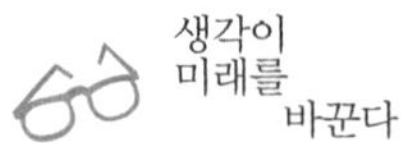

모든 사람들을 깨운다. "편지에 넣고 싶은 생각이 떠올랐네." 그리고 두기고에게 "분을 내되 죄를 짓지는 말라!"고 쓰라고 말한다.

처음 그 구절을 읽었을 때 나는 '바로 이거야! 이제는 화를 낼 수 있어.'라고 생각했다. 하지만 곧 화를 내면서 어떻게 죄를 짓지 않을 수 있는지 궁금해졌다. 물론, 처음에 화를 낼 때는 죄를 짓지 않는 부분에 대해서는 염려하지 않았다. 내가 알고 있는 것은 적어도 화를 내는 그 순간만큼은 기분이 나아진다는 것이었다.

하지만 얼마 되지 않아 화가 나서 한 말이나 행동 때문에 기분이 나빠졌다. 이런 이유로 우리는 바울과 같은 갈등에 봉착하게 된다. 화를 내면 기분이 좋아진다. 인간의 솔직한 감정이기 때문이다. 그러나 화를 내고 나면 종종 화는 무조건 잘못된 것이라고 생각했을 때 경험했던 것과 똑같은 혼란에 빠지게 된다.

바울은 분노를 과잉통제한 사람으로 보인다. 1장의 그래프에 비추어본다면, 오른쪽 아래 부분에 해당될 수 있다. 그는 분명히 자신의 분노에 대해 알고 있었지만, 예전의 경험으로 인해 자신의 삶 속에서 분노의 존재를 부인하려고 애썼다.

분노를 과잉통제하면, 바울과 같은 처지에 빠지게 된다. 분노의 감정을 인식하지만 그것을 부인하느라 애쓰는 것이다. 우리는 억지 미소를 띠고 이를 갈며 말한다. "누가 화났나요? 저는 아닌데요!" 분노로 속은 갈기갈기 찢어지면서도 말이다.

반대로, 분노를 수용하기는 하지만 분노를 인식하지 못하면, 얼마 지나지 않아 분노의 감정에 압도당할 수 있다. 이런 경우, 성질을 이기지 못해 소리를 지르고 문을 쾅 닫게 될 것이다. 이렇게 화를 분출하면 자신의 위궤양은 예방할 수 있겠지만, 우리의 분노를 그대로 당한 사람들에게는 위궤양을 발병시킬 수 있다.

분노를 수용하고 분노의 근원을 알 때, 분노의 감정과 함께 그 원인을 효과적으로 다룰 수 있다. 그때 성장은 이루어진다.

당신은 분노의 감정을 수용하는 부분에 문제가 있는가, 분노를 제때 인식하는 부분에 문제가 있는가? 분노를 수용하고 인식하는 부분에 문제가 있으면, 각종 신체 문제가 생기게 된다. 분노는 생명을 죽이는 감정이다. 분노를 부인하거나 인식하지 못하면 감정적으로 지칠 뿐만 아니라 육체적으로 쇠락해진다. 결국에는 각종 질병에 취약해진다.

웹스터 뉴월드 사전을 보면 흥미로운 몇 가지 통찰을 발견할 수 있다. '분노anger' 라는 단어는 'angh-' 라는 어근에서 파생되었는데, 이것은 '갑갑한, 좁은, 꽉 죄임, 곤란' 의 뜻이 있다. 같은 페이지에서 조금만 밑으로 내려가보면 'angina' 라는 단어가 있는데 지엽적으로 일어나는 '급성 통증' 을 뜻한다. 이 단어도 분노처럼 'angh-' 라는 어근에서 파생되었다. 분노와 급성 통증은 연결되어 있는 단어인 것이다. 언어가 발달되고 있었던 고대에서도, 사람들은 신체 문제와 분노의 감정이 서로 연관된 것으로 보았다.

분노에 대한 초기 연구에서는 이러한 신체적 측면에 주로 집중했다. 사람들은 화를 내면 몸이 뜨거워지거나 차가워지며, 주먹을 꽉 쥐거나, 땀을 흘리거나, 숨이 막히거나, 몸이 마비되거나, 근육

에 경련이 일어나는 등의 신체증상을 느꼈다고 말했다. 어떤 사람들은 얼굴이 확 달아오른다고 했고, 얼굴이 파리해진 사람들도 있었다. 어떤 이들은 화를 내면 정신이 살아나고 깨어나는 느낌이 들었다고 한 반면, 두려움을 느끼고 두통과 코피가 난다는 사람들도 있었다.

또 다른 초기 연구에서는 동물들이 두려움이나 분노를 느낄 때 어떤 신체반응을 보이는지 관찰했다. 두 가지 감정 모두 신체변화를 가져왔다. 두려움으로 인해, 위와 장으로 이어지는 혈관이 좁아지고 피가 원활하게 흐르지 못해 소화, 흡수, 배설이 중단되었다. 분노는 뇌, 심장, 폐, 팔과 다리의 대근육 등에 결정을 내리는 중요한 기관에 혈류량을 증가시켰다.

오늘날 연구가들은 더 정밀한 장비를 갖추고 있다. 화가 날 때 신체에 어떤 일이 일어나는지 알아보기 위해 혈압, 혈구수, 뇌파, 피부체온, 심장박동수 등을 기록했다. 이 연구 결과 일부분이 1979년 6월 《변화되는 시대 *Changing Times*》에 요약되어 실렸다.

원시인을 생각해보라. 적이나 위험한 동물이 보이면 일련의 호르몬 및 신체반응이 시작된다. 아드레날린이 피 속에 흐르기 시작해서, 심장박동이 빨라지고 혈압이 높아진다. 당과 같이 혈액에 들어가는 가용에너지가 증가하고, 더 많은 산소를 근육과 뇌에 전달해주기 위해 혈류에 적혈구가 늘어난다. 호흡량이 늘어나 더 많은 산소를 공급해주고 갑작스런 활동으로 생긴 이산화탄소를 제거한다. 소화시키는

데 사용되는 혈액이 뇌와 근육에 보내지기 때문에 소화가 느려진다. 동공이 팽창해 시력이 좋아진다. 상처가 생길 가능성에 대비해 혈액 응고 능력이 향상된다. 이제 원시인은 자신을 보호할 만반의 준비를 갖춘 것이다. 이렇게 활성화된 상태에서 원시인은 유리하다 싶으면 공격하고 그렇지 않다 싶으면 도망간다.

우리 신체도 같은 식으로 반응한다. 우리를 위협하는 것이 날카로운 이빨을 가진 호랑이가 아니라 국세청에서 온 편지라 할지라도 같은 반응을 보인다. 자극을 일으키는 것이 반드시 즉각적인 위협일 필요는 없다. 단지 불쾌하거나 당황스럽고 불확실한 어떤 것을 예측하게 하는 것이면 내면에서 스트레스 반응을 느낄 수 있다.●

기사에는 단기 응급상황에서 발생한 신체반응의 일부 또는 전부가 억압된 분노의 결과로 평생 지속될 수도 있다는 내용이 덧붙여져 있었다. 결국 분노를 계속 묻어 놓으면, 장기간 지속되는 분노로 몸이 완전히 망가질 수도 있다는 것이다. 신체기질에 따라 경미한 배설 장애에서부터 신경과민, 암에 이르기까지 다양한 질병으로 고통을 겪을지도 모른다. 분노는 가끔씩 겪는 두통이나 위궤양 외에도 여러 가지 신체질환을 일으킨다는 사실이 최근에 알려졌다.

분노와 두려움은 건강한 감정이다. 그것은 임박한 위험에서 우리를 보호하는 경고체계 역할을 한다. 그러나 이 두 가지 감정을 묻

● *Changing Times* (June 1979).

어두면, 우리 몸에 질병이라는 형태로 손상을 일으킨다. 사랑-분노-두려움 사이클을 다시 살펴보면, 세 가지 감정 중 두 가지가 질병을 일으키는 요소임을 알 수 있다.

앞(2장)에서 말한 A형 행동이 심장병의 원인임을 밝혀낸 마이어 프리드먼Meyer Friedman 박사와 암에 대해 연구한 칼 사이몬튼Carl Simonton 박사의 연구를 기초로, 의사들은 해결되지 않은 분노와 두려움이 심장병과 암과 같은 난치병을 일으키는 주된 원인이라는 사실을 발견했다. 실제로 분노와 두려움은 교통사고 같은 우발적 사고로 생긴 외상을 제외하고는 우리 몸에 신체손상을 일으키는 거의 대부분의 원인인 것으로 밝혀졌다. 정신신체상관질환 전문가이며 하버드대학교 정신과의사인 실버만Silverman 박사는 스트레스 인자가 없으면 병들 이유가 없다고 주장한다. 그는 분노와 두려움을 억누르는 것은 신체질환을 일으키는 가장 중대한 스트레스 요인이 된다고 말한다.

그러면 신체질환에서 병균은 어떤 역할을 하는가? 병균이 질병의 진짜 원인이 아니라는 말인가? 대기오염과 발암물질의 영향은 없는가? 식이요법의 효과는 무엇인가? 음식이 중요한 요인은 아니란 말인가? 이 모든 요인들이 다 중요하지만 결정적 요인은 아니다. 질병에 대한 유전적 성향이 같고 똑같은 공기를 마시고 똑같은 발암물질을 섭취하고 똑같은 음식을 먹은 일란성 쌍둥이를 대상으로 한 연구에서, 한쪽은 병에 걸렸는데 다른 한쪽은 병에 걸리지 않았다. 병에 걸린 아이는 분노나 두려움의 감정을 무시하는 정서적 스트레스를 겪은 아이였다.

보통 결혼생활에는 여러 감정적인 요소가 많기 때문에, 부부관계에서 해결되지 않은 분노와 두려움은 스트레스가 가장 많은 상황 중 하나다. 이러한 감정을 효과적으로 해소할 방법을 찾지 못하면 누구에게나 A형 행동은 유발될 수 있다. A형 행동 패턴을 가진 사람은 30, 40대에 심장병에 걸리기 쉽다. 어떤 사람들은 A형 행동을 '조급증hurry sickness' 이라고 부르는데, 이는 분노나 두려움의 감정을 회피하려고 삶의 러닝머신 위로 뛰어드는 것처럼 느껴지기 때문이다. 우리가 더 빨리 달리면 어떤 것도 다루지 않은 채 지나갈 수 있다. 하지만 이렇게 모든 것을 빨리 끝내야 한다는 충동, 그로 인한 끊임없는 시간의 압박으로 화낼 일이 더 많아질 뿐이다. 그렇게 악순환이 계속된다. 더 빨리 달릴수록 더 많이 무시하고 지나가야 한다. 무시하고 지나가는 게 많아질수록, 더 많은 분노와 두려움을 경험하게 된다. 그러면 이 감정들을 피하기 위해 또 다시 더 빨리 달려야만 한다. 의학 연구가들은 이러한 악순환을 A형 행동의 일부로 보고, 완전히 치유되려면 분노와 두려움을 치료하는 과정을 반드시 포함시켜야 한다고 말한다.

A형 행동과 심장병에 관해 프리드먼 박사가 발견한 사실을, 사이몬튼 박사는 암 환자에게서도 발견했다. 그의 연구팀이 암의 뿌리로 발견한 제1의 특성은 원망과 분노를 강하게 붙들고 있는 성향이었다. 사이몬튼 박사는 암 환자를 치료하는 과정에서 전통 의학 치료에 심리치료를 가미했다. 환자가 분노를 효과적으로 다룰 때

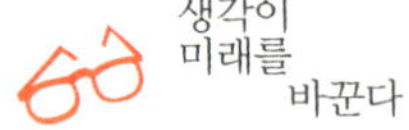

종종 병이 사라지는 놀라운 결과가 나타났다.

로버트 굿^{Robert Good} 박사는 우리 몸속에 매일 암세포가 생긴다는 사실을 알아냈다. 그러나 암세포가 자리잡기 전에 백혈구가 암세포를 공격해 파괴하기 때문에 암에 걸리지 않는 것이다. 굿 박사에 따르면, 암에 걸리는 사람들 중에는 스트레스, 특히 해결되지 않은 분노가 원인인 사람들이 있다. 아드레날린을 비롯해 장기간 지속되는 스트레스로 신체에서 분비되는 호르몬은 암세포를 물리치는 정상적인 신체기능을 떨어뜨린다.

더 나아가 사이몬튼 박사는 암에서부터 감기, 위통에 이르기까지 모든 질병은 몸, 생각, 감정의 상호작용에 의해 생긴 결과라고 주장한다. 그에 따르면, 건강과 안녕으로 가는 길은 질병에 대해 자신이 책임질 때 시작된다. 그렇게 하기 위해서는 묻어둔 두려움과 분노를 처리해야 한다. 그것은 편안한 일은 아니다. 다른 사람들의 질병을 예방하기 위해 분노를 처리하도록 도울 수는 있지만, 정작 자신의 분노를 처리하는 것은 별개의 문제다. 분노가 그렇게 오랫동안 숨어 있는 이유가 바로 여기에 있을 것이다.

그러므로 기억의 어두운 구석에 묻어둔 분노를 억압하는 것은 건강한 방법이 아니다. 그런데도 우리는 분노를 계속해서 피한다. 그런 행동이 생산적이지 않다는 것을 알면서도 말이다. 그렇다면 대안은 무엇인가? 더 나은 결과를 가져오려면 분노를 표현하거나 속속들이 드러내야 할까? 분노를 묻어두는 것이 부질없다면, 분노를 꺼내놓고 그것이 어떻게 작용하는지 보자.

분노의 근원과 경로

프로이트^{Freud}가 장려하는 방향은 이렇다. 그는 우리가 살면서 자신이 무엇을 하고 있는지, 왜 그렇게 하고 있는지 의식적으로는 절반도 모르고 있다고 주장했다. '무의식은 깊이 통제되고 있으며, 우리 내면의 어두운 부분은 어떤 선한 것도 없애버리는 파괴적 충동이 부글부글 끓는 가마솥이다. 그러한 파괴적 충동은 우리의 억압된 감정을 먹고 산다.'

프로이트는 인간의 본성 중심에 공격성이 있다고 보았다. 인간 발달의 매 단계마다 누군가에게 격분하도록 설계되어 있다는 것이다. 비록 프로이트가 분노에 대해서는 거의 아무런 말도 하지 않았지만, 그가 말한 개념은 우리의 뇌리 깊숙이 새겨져 있다. 우리도 분노를 공격성과 연결하지 않는가. 프로이트의 제자들은 그의 의견을 추종해 대부분의 공격성 배후에는 분노가 원동력으로 자리잡고 있다고 생각했다. 그들은 공격적 충동을 가질 때 분노를 느낀다고 말한다. 이러한 이론가들은 사람들이 화났을 때 공격적으로 되지 않는다면, 그 이유는 공격성을 행동으로 나타내지 않으려고 지나치게 억제했기 때문이라고 추론하게 한다.

프로이트는 분노의 감정이 표면으로 드러나 인식하게 될 때에도 억압된 감정을 직면하고 싶지 않아서 여전히 분노를 억누르려고 애쓴다고 생각했다. 어떤 사람들은 분노를 피하라고 배웠거나, 고통스럽고 당황스러운 경험을 통해 분노가 얼마나 위험한지 배웠기

때문이라고 보았다. 분노를 무의식중에 억누르는 것은 잠시 효과가 있을지는 모르지만, 결국에는 곪아 터져서 예상치 못한 순간에 폭발한다. 이론가들이 분노를 인식해서 폭발하기 전에 내버리기를 권하는 이유가 여기에 있다.

프로이트가 공격성에 대해 비유적으로 말했음에도 불구하고 그의 개념은 문자 그대로 받아들여진 경우가 많았다. 가장 익숙한 개념 중 하나는 분노의 '유압(油壓)' 이론이다. 이 이론에서는 저장된 감정이 마치 자동차의 브레이크와 같은 유압시스템이 된다고 가정한다. 한쪽에 압력을 가하면 다른 쪽에서 무언가가 나온다. 마찬가지로 누군가가 우리에게 잘못된 방식으로 압력을 가하면 저장된 분노가 예측할 수 없는 방식으로 터져 나온다.

유압 이론과 깊은 관련이 있는 것이 바로 '저수지' 이론이다. 분노와 같은 감정을 억압하면 거대한 저수지에 저장된다는 이론이다. 분노를 해소할 방법을 찾지 못하면 그것은 엄청나게 커져서 가장 부적절한 때에 무의식의 저수지 밖으로 터져나와 중요한 관계를 망친다는 것이다.

이런 개념들이 논리적으로 들리고 심지어 옳게 느껴지겠지만, 그것을 뒷받침하는 어떤 연구도 없었다. 그럼에도 불구하고 많은 상담가들은 클라이언트들에게 감정을 쌓아두면 위험하다고 말한다. 감정이 쌓이면 신경과민이나 부적절한 행동이 터져 나올 것이라고 설명한다.

대중심리학의 몇몇 지도자들은 이러한 개념에서 진일보하여 감정 특히 분노의 감정을 '환기' 할 것을 장려했다. 유압 이론과 저수지 이론은 감정을 다소 수동적으로 다루는 것으로, 감정이 저절로 터져 나온다는 이론이다. 감정 환기 이론은 좀더 적극적인 방법으로, 그냥 스며 나오도록 내버려두지 말고 긴장을 풀기 위해 뭔가 적극적으로 행동하라고 조언한다. "속속들이 드러내자."는 표현은 분노를 밖으로 표출하라고 격려하는 말이다. 분노를 어떤 방식으로든 적극적으로 표출할 수만 있다면, 분노를 없애고 카타르시스를 경험할 수 있다고 주장한다. 이것은 매우 합리적인 생각으로 보인다. 분노를 쌓아둘 때 그것이 곪아 터져버린다면, 분노를 적극적으로 표출할 때는 줄어들어야 한다.

스포츠 같은 격렬한 신체활동, 접시 던지기, 베게 치기, 복수 상상하기, 돌멩이 차기 등 여러 가지 다양한 행동이 카타르시스를 가져오는 것으로 알려져 있다. 이런 행동들을 통해 신체에너지를 방출하면 억제된 분노가 풀리기도 한다. 미국정신건강협회에서도 이런 유형의 행동을 장려한다. 그들이 제안하는 스트레스 해소법 중에는 "분노에서 벗어나는 일을 하라. 하루 이틀 분노를 식히면서 혼자만의 프로젝트나 테니스, 장거리 걷기 등에 신체에너지를 쓰라."는 것들이 있다. 불행하게도 신체적 해소를 통해 분노를 내려놓으려고 애쓰는데도 대개는 여전히 화난 상태로 남아 있다.

분노를 환기해야 한다고 주장하는 사람들은 한 가지를 덧붙인다. 그들은 "자신을 표현하라!"는 외침을 "자신만 생각하라!"로 바꾸었다. 만일 자기만 생각한다면 분노를 환기하는 것만큼 좋은 방

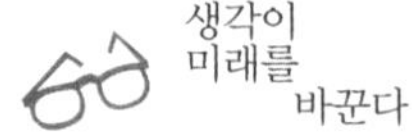

법은 없다. "기분이 훨씬 더 나아졌다."는 말은 분노를 거리낌 없이 표현해버린 사람들의 간증이다. 그러나 나중에 보면 여전히 분노가 남아 있음을 알게 될 것이다. 물론 어떤 사람들은 며칠이 지났는지도, 문제가 여전히 남아 있는지도 상관하지 않는다. 중요한 건 그들의 기분이 나아졌다는 것뿐이다.

분노를 표현하거나 환기한다는 개념은 이 세대에 새로 등장한 것이 아니다. 아리스토텔레스^{Aristoteles}는 연설자의 말에 찬성하지 않는 화난 청중을 통제하는데 도움을 주려고 애썼다. 18세기 영국의 시인이자 예술가였던 윌리엄 블레이크^{William Blake}는 〈독나무^{The Poison Tree}〉라는 시를 썼는데, 이 시에서 환기에 대한 개념을 표현했다.

나는 친구에게 화가 났다.
내 분노를 말하자, 분노가 없어졌다.
나는 원수에게 화가 났다.
내 분노를 말하지 않자, 분노가 자라났다.

블레이크는 훌륭한 시인이었고 감정 환기에 대해서도 훌륭한 철학을 갖고 있었지만, 분노 환기론자들과 똑같은 점을 간과했다. 우리는 친구에게 분노를 숨기고 싶을 때가 있다. 화나게 한 일보다 우정의 가치를 훨씬 더 중요시하기 때문이다. 이는 분노가 사라지지 않는 것을 뜻하는가? 우리보다 50킬로그램은 더 나가는 적에게 격분해 분노를 표현하는 상황은 어떠한가? 그런 상황에서 분노를 표현하면 상대방의 분노를 부추겨서 우리 몸이 위험해질지도 모른다. 분노를 환기하라고 조언하는 시가 항상 적절한 것은 아니다.

이러한 모순에도 불구하고, 환기론자들은 분노를 표현하면 동맥이 깨끗해질 뿐만 아니라 관계의 질도 좋아진다고 주장한다. 부부 상담가들은 재빨리 우세한 쪽에 편승해, 부부가 서로에게 분노를 표현해야 건강하다고 말한다. 그러나 화를 터트리면 뒤따르는 것은 점점 높아지는 비난, 울음소리, 고함소리뿐이다. 결국 둘 중 하나 혹은 둘다 완전히 탈진해서 포기할 때까지 싸움은 계속된다. 그러면 한쪽이 억지로 사과하거나 양쪽이 우울한 침묵에 빠짐으로써 고함소리에서 벗어난다. 침묵은 잠깐의 휴정일 뿐, 다음날이나 며칠 후, 몇 주 후면 똑같은 일이 반복된다. 아무도 기분이 나아지지도 않았으며, 문제나 분노도 사라지지 않았다.

환기 이론을 주장하는 대부분의 사람들은 고함치는 싸움을 절대 옹호하지 않는다. 그것은 '진흙탕 싸움 dirty fighting' 이라고 불린다. 대신 그들은 분노 표현을 조절하려고 하며, 의사소통에 도움이 되는 형태로 본다. 하지만 분노를 표현하는 것은 배우자에게 "내 앞에서 꺼져. 난 지금 싸울 태세야."라고 말하는 것과 같다. 언어적으로든 비언어적으로든, 그렇게 하는 것은 건설적인 의사소통으로는 보이지 않는다.

환기론자들이 간과하는 점은 분노를 표현하는 것만으로는 분노를 효과적으로 해소하지 못한다는 점이다. 연구에 따르면, 분노

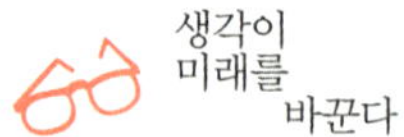

의 표현이 근본문제의 해소로 직접 이어질 때 분노를 줄이는 결과를 낳는다고 한다.

환기론자들 중에 온건파들은 분노의 연속선상의 한가운데 지점에 우리를 끌어들이려고 시도한다. 그들은 분노에 대해 말하는 것이 해결책이라고 생각한다. 그것은 합리적인 방법처럼 들리며 좋은 친구처럼 공감하고 들어주는 사람에게 말하고 나면 기분이 나아진다. 그러나 여기에도 맹점이 있다. 분노에 대해 말하는 노력이 실제로는 자기 관점을 합리화하기 위한 시도라는 사실을 간과하기 때문이다. 그런 이유로, 친구에게 혹은 심지어 상담가에게 분노를 다 말했는데도 분노가 거의 줄어들지 않는다. 그 대신 분노를 일으킨 원래 상황을 생각 속에서 재연하게 된다. 이것은 오히려 우리가 왜 분노를 합리화하게 되었는지 분명하게 보여준다. 그러면 우리는 똑같이 화난 상태로 남거나, 이전보다 훨씬 더 화난 상태로 남게 된다. 화난 이유가 정당화되었기 때문이다.

친구에게 당신의 분노를 말하려고 할 때 공감 어린 경청자와 말하는 것이 어떤 느낌인지 살펴보라. 친구가 당신의 말에 동의할 때마다 어떤 일이 일어나는지 주목하라. 분노를 이야기할수록 당신은 그 사건을 둘러싸고 있는 미묘한 뉘앙스를 더욱더 알아차리게 될 것이다. 공감하며 들어주는 친구는 고개를 끄덕이며 당신의 느낌뿐만 아니라 당신이 화낼 권리까지도 동의해줄 것이다. 당신의 분노는 규명되어, 처음에 말을 꺼냈을 때보다 더 화나기 시작할지도 모른다.

배우자에게 분노를 말하려고 할 때 같은 현상이 벌어질 수 있다. 이 상황에서는 공감 어린 경청보다는 아마도 방어적인 말을 더 많이 듣게 될 것이다. 배우자가 자신의 행동에 대한 권리를 더 많이 주장하면 할수록, 당신은 화를 낼 권리를 주장해야 한다. 그 결과 분노만 커진다.

분노를 처리하는 방식이 무엇이든 간에, 우리 대부분은 화를 내고 죄를 짓기 쉽다. A=C라는 사고유형에 빠져 있기 때문이다. 우리는 분노를 일으키는 원인이 사건이라고 말한다. '분노는 손상, 부당한 대우, 반대 때문에 생긴 불쾌한 감정이며, 이러한 감정이 생기면 보통 복수하고 싶은 욕구가 생긴다' 고 정의한 사전에서도 이런 사고유형을 엿볼 수 있다. 이러한 정의를 분명하게 보여주는 예는 "그가 나를 화나게 만들었어!"라고 말하거나 생각할 때다.

물론 우리는 삶 속에 일어나는 사건이 감정적 결과를 낳는 것이 아니라는 것을 2장에서 살펴보았다. A(촉발 사건)가 C(감정적 결과)의 원인이 아니다. 그러므로 다른 사람이 우리를 화나게 만들 수 없다! 우리 속에 분노의 감정을 일으키는 것은 오로지 우리의 생각, 즉 자기 대화다. 무엇을 생각할지 선택하는 사람은 우리이기 때문에, 화를 내기로 선택하는 사람도 우리다.

화를 내도록 만드는 것은 자기 대화다. 자기 대화에 어떤 일이 일어나는지 이해할 때, 분은 내지만 죄를 짓지 않는 방법을 찾는 길에 서게 된다. 그렇게 하는 길은 B, 즉 신념체계를 살펴보는 것이다.

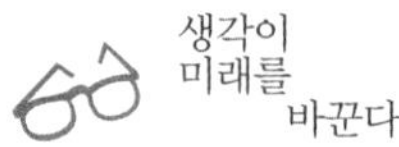

우리는 화가 나면 처음에는 주의를 요하는 상처, 좌절감, 위협감을 먼저 느낀다. 그러나 그러한 감정을 극복한 후에도 여전히 화가 난다. 상대나 상황에 대해 우리가 무언가 요구하고 있기 때문이다. 예를 들어 아내는 오후 내내 특별한 저녁식사를 준비했다. 제일 좋은 그릇을 꺼내놓고, 식탁 중앙에 꽃을 꽂고 초도 놓아두었다. 그런데 퇴근한 남편은 다른 날과 별 차이 없이 행동한다. 인사는 하는 둥 마는 둥 하고, 신문을 집어 들고 뉴스를 켠 후 소파에 몸을 파묻는다. 이런 일이 얼마나 자주 일어나는가에 따라 다르겠지만, 그들은 5분이 채 안 되어 서로 고함치고 만다! 집안은 분노로 가득찬다! 저녁식사는 타버리고 양초는 다 녹아버렸다. 겨우 아내가 눈물을 닦은 순간, 그녀의 분노는 생각 때문일 것이라고 지적하는 것은 좋은 타이밍이 아닐 것이다! 감정을 가라앉히도록 시간을 주는 것이 더 낫다. "하지만 남편이…"와 같은 말이 몇 시간이고 계속될 수 있다. 상황은 똑같지만, 그녀의 생각이 화를 일으킨다. 그녀가 어떤 생각을 할지 상상해보자.

그이는 내가 특별 저녁식사를 준비할 때마다 이래.

그이는 내가 오후 내내 얼마나 힘들게 일했는지 알아야 해.

그이는 적어도 피곤하다는 말 정도는 해줄 수 있잖아?

내게 그렇게 무례하게 굴다니, 어떻게 그럴 수가 있어?

남편이 그렇게 둔해서 되겠어?

그이는 더 나은 모습을 보여줘야 해!

이런 말들에는 분노의 원인과 연결되어 있는 지긋지긋한 단어가 숨어 있다. 바로 '해야 한다' 라는 말이다. 분노로 이어지는 좌절감이나 상처를 느낄 때마다, 우리는 자기 대화 속에서 그 분노를 해야 한다로 연결시킨다. 해야 한다는 생각은 언제나 다른 사람, 삶, 세상에 대해 요구가 있음을 보여준다. 물론 이런 태도가 '하지 말아야 한다' 는 부정적 방식으로도 표현될 수 있는데, 미치는 효과는 똑같다.

'반드시, 마땅히, 당연히' 와 같은 단어들은 '해야 한다' 에서 파생된 말들이다. 그것들은 모두 분노를 촉발한다. 상황이나 사람에 대해 요구하는 말이기 때문이다. 그런 요구는 반드시 충족될 것이라고 장담할 수 없다. 충족되지 않기 때문에 분노의 원천이 된다.

때때로 해야 한다고 하는 당위적 사고는 말없이 암시적으로 전달된다.

특별한 저녁식사를 준비한 아내는 '남편은 내가 특별 저녁식사를 준비할 때마다 이렇게 해!' 라고 생각한다. 말하지는 않았지만 그녀는 '그이는 그렇게 해서는 안 돼!' 라고 생각했다. 그녀는 왜 그런 요구를 할까? 우리는 왜 다른 사람들과 삶에 대해 그같은 요구를 할까? 우리에게는 상대로 하여금 다시는 그렇게 하지 않도록 할 방법이 전혀 없다.

그러므로 자기 대화 속에서 이러한 요구를 할 때, 분노의 모습을 띤 정서적 긴장이 내면에 생기게 된다.

무리한 요구 내려놓기

화가 나는가? 그렇다면 '해야 한다'와 '하지 말아야 한다'를 살펴보라. 분노를 없애는 비결은 이 요구들을 파악해 원하는 것wants과 소원desire으로 바꾸는 것이다.

앞에서 예로 든 아내를 다시 살펴보자. 며칠 후 같은 장면이 똑같이 연출된다. 이번에는 아내가 해야 한다의 영향을 잘 알고 있다. 이제 그녀는 다음과 같이 말하고 생각한다.

> 내가 한 모든 일들을 남편이 알아줬으면 좋겠어.
>
> 남편이 집에 돌아와서 보여주는 행동방식을 나는 좋아하지 않아. 먼저 남편과 대화할 시간을 가지는 게 좋겠어.
>
> 남편이 알아주지 않아도 나는 견딜 수 있어. 남편이 알아주었으면 하지만….
>
> 남편이 집에 돌아왔을 때 긴장을 푸는 다른 방법을 찾는다면 삶이 좀 더 유쾌해질 거야.

우리 내면에 다른 형태의 감정이 일어나는지 살펴보기 위해 앞에서 열거한 목록과 이 목록을 비교해보라. 두번째 목록에서도 그녀가 원하는 것을 얻게 될 것이라는 보장은 여전히 없다. 그러나 긴장을 줄이고 상황을 창조적으로 처리할 방법을 찾을 수 있는 감정적 에너지는 풀려난다.

이것을 잘 보여주는 예가 바로 모세다. 출애굽기 32장에서 모세는 시내산에서 하나님과 대화한다. 하나님은 그에게 '이스라엘 백성이 우상을 만들고 있으니 진으로 돌아가라'고 말씀하신다. 하나님은 화가 나셨다. "그런즉 내가 하는 대로 두라 내가 그들에게 진노하여 그들을 진멸하고 너를 큰 나라가 되게 하리라"10절. 그러나 모세가 하나님께 간청하자 하나님은 분노를 거두신다.

그러고 나서 모세는 십계명이 적힌 돌판 두 개를 들고 산을 내려온다. "그 판은 하나님이 만드신 것이요 글자는 하나님이 쓰셔서 판에 새기신 것이었다"16절.

모세가 진에 가까이 왔을 때 사람들의 외치는 소리가 들렸다. "그 송아지와 그 춤추는 것들을 보고 크게 노하여 손에서 그 판들을 산 아래로 던져 깨뜨리니라 모세가 그들이 만든 송아지를 가져다가 불살라 부수어 가루를 만들어 물에 뿌려 이스라엘 자손에게 마시게 하니라"19-20절. 모세는 크게 분노했다! 그것은 진정한 분노였다.

그러나 모세의 행동을 보라. 그는 하나님이 쓰신 돌판을 깨뜨렸다. 그러고 나서 황금송아지를 깨뜨려 백성들에게 우상의 재를 마시게 했다. 그는 제정신이 아니었던 것이다! 적절하게 반응하지 못했던 모세는 다시 산에 올라가 돌판을 새로 받아야 했다. 화를 내는 순간에는 좋은 듯했겠지만, 분노의 원인을 제대로 다루지 않았기 때문에 좋은 영향을 미치지는 못했다. 그는 백성들이 저지른 끔찍한 행동 때문에 자기가 화가 났다고 생각했다. 그러나 백성들은 그런 행동을 계속했고, 모세는 압도적인 분노로 갈등했다. 민수기 20장에서 모세는 다시 이성을 잃어버린다. 백성들은 형편없어졌고 그것은 분명했다. 그들은 모세가 하나님께 다시 나아가 간청해야 할 지경까지 모세를 괴롭히고 불평했다. 그들은 물을 요구했고, 하나님은 모세에게 반석에 "명하면" 물이 솟아날 것이라고 말씀하셨다.

그러나 모세의 분노는 컸다. 그는 하나님 말씀을 들었지만 화가 난 상태였다. 그래서 백성을 모아놓고 말했다. "반역한 너희여 들으라 우리가 너희를 위하여 이 반석에서 물을 내랴"민 20:10. 그리고 지팡이를 들어 반석을 두 번 "쳤다!" 그것은 분노를 분출시키기에 좋은 방법이었을 것이다. 그러나 하나님이 보실 때 모세의 행동은 불순종이며 교만이었다. 그결과 하나님은 모세에게 약속의 땅으로 들어가지 못할 것이라고 말씀하셨다. 모세는 분노를 해소하는 법을 배우지 못해 약속의 땅으로 들어갈 기회를 놓친 것이다.

이제 모세는 백성들 때문에 겪은 38년간의 분투를 되돌아볼 수 있었다. 백성들이 한 것이라고는 불평뿐이었고, 불평의 대상은 모세였다. 그렇기에 모세는 "그들이 나를 화나게 했다!"고 말하기 쉬웠을 것이다. 모세는 분노 때문에 위궤양이나 관절염에 시달리지는 않았다. 그러나 분노를 터트린 것 때문에 끔찍한 대가를 치렀다.

모세가 이해하지 못한 것은 분노의 원인이 그의 내면에 자기 대화라는 형태로 있었다는 점이다. 그가 어떤 생각을 했을지 상상해보자.

하나님, 제가 왜 이런 끔찍한 백성들을 참아야만 합니까!

전 이들의 말을 들을 필요가 없습니다!

이들은 하나님께 문젯거리만 됩니다. 전 이들을 돌볼 필요가 없습니다!

이들은 우상을 만드는 것밖에 모르는 작자들입니다!

전 이들을 홍해에서 구하지 말았어야 했습니다!

전 이들에게 똑똑히 보여주겠습니다!

목록은 끝도 없이 이어질 수 있다. 모세는 백성들, 하나님, 그의 인생, 자기 자신에게 계속 요구하고 있었다. 그에게는 이러한 요구 중 어떤 것도 충족될 것이라고 장담할 여력이 없었다. 모세는 자기가 바라는 온갖 요구를 할 수는 있었지만, 현실이 달라지지는 않았을 것이다. 우상은 이미 만들어졌고, 잔치는 진행되고 있으며, 내면 깊숙이 손상을 입은 상태다! 민수기 20장에 나오는 물 사건도 마찬가지다. 모세의 불평은 부질없는 일이었다. 그가 자기 대화 속에서 아무리 요구한다 해도 화나는 것 말고는 달라질 게 아무것도 없었다. 그 대신, 모세는 이렇게 자기 대화를 할 수도 있었다.

하나님, 저는 인내가 더 필요합니다.

저는 아론과 백성들에게 정말 실망했습니다. 제가 이 일들을 이해할 수 있으면 좋겠습니다.

주님, 이 일이 싫습니다. 그러나 주님의 도움으로 견딜 수 있습니다.

저는 물 문제에 대해 주님의 인내심을 갖기 원합니다.

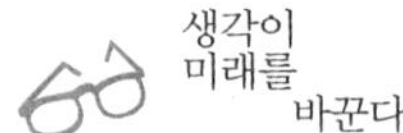

저는 하나님이 필요를 공급하신다는 것을 어떻게 하면 이 백성들이 배울 수 있을지 알고 싶습니다.

모세는 여전히 좌절하고 실망했을지도 모른다. 그러나 비합리적인 요구를 자기 대화를 통해 버렸다면 분노를 효과적으로 통제했을 것이다.

또 다른 예로는 베드로를 들 수 있다. 마태복음 26장에서 베드로는 자신의 충성을 예수님께 장담하지만, 닭이 울기 전에 주님을 세 번 부인하게 될 것이라는 말씀만 듣는다.

예수님이 잡혀 대제사장에게 끌려갔을 때, 베드로는 가까이에서 모든 과정을 지켜보았다. 시간이 흐를수록 그의 분노는 점점 강해졌다. 베드로의 자기 대화는 아마도 다음과 같았을 것이다.

예수님은 왜 그냥 서 계시는 거지?
예수님은 왜 하늘에 번개를 명하셔서 모두 쓸어버리지 않으실까!
하나님은 왜 아무 일도 하지 않으시는 거야! 독생자가 이런 식으로
　　당하도록 내버려두시면 안 되잖아!
이건 전부 불공평해!
나는 왜 예수님을 보호하기 위해 더 애쓰지 못했을까!

베드로의 생각은 너무나 많은 요구사항들을 담고 있어서 그를 점점 더 화나게 만들었다. 옆에 있는 어떤 사람이 베드로에게 예수

님과 함께 있는 사람이라고 참소하자 그는 부인한다. 또 다른 사람이 그에게 예수님의 추종자라고 하자 베드로는 이번에도 부인한다. 세번째로 어떤 사람이 베드로에게 예수님의 제자 중 한 명이라고 참소하자 그는 화를 터트린다. "그가 저주하며 맹세하여 이르되 나는 그 사람을 알지 못하노라 하니"마 26:74. 그 순간 닭이 울고, 베드로는 밖으로 나와 쓰라리게 흐느낀다. 그의 상처는 얼마나 깊을까. 분노에 압도당하는 것은 아무런 도움도 되지 못한다. 우리나 베드로 모두에게 도움이 되지 않는다. 화를 터트리는 것은 분노를 해소하는 방법이 아니다!

분노를 해소하는 유일한 길은 요구사항을 원하는 것과 소원으로 바꾸는 것이다. 해야 한다는 당위성에 맞서 반박하라. 다른 사람들과 인생에 대해 갖고 있는 그 어떤 요구라 할지라도 반박하라!

베드로가 자신의 자기 대화에 반론을 제기했다면, 아마도 다음과 같이 말하거나 생각했을 것이다.

내가 더 용감했으면 좋았을 텐데!

내 마음은 슬픔으로 찢어질 것 같아! 내 안에 무슨 일이 일어나고 있는지 이해하고 싶어!

나는 예수님이 뭔가 행하시기를 바라! 그분이 원하신다면 그렇게 하실 수 있는 걸 알아!

비록 모두 다 이해 못하지만, 난 여전히 예수님이 그리스도이시며 살아 계신 하나님의 아들이심을 믿기로 했어!

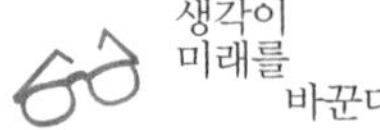

베드로가 전능하신 하나님 안에 자신의 믿음과 확신을 굳게 붙들고 있었다면, 그는 그 상황에서 분노를 조절했을 것이다. 그러나 당신은 절대로 그렇게 살 수는 없다고 말할지도 모른다. 반드시 해야 할 것들은 해야 한다고 생각할 것이다! 하지만 당신의 분노를 해소하고 싶다면 그 방법은 아니다. 당신은 그래도 "해야만 하는 건 반드시 있어요."라고 말할지도 모른다. 그렇다면 '해야 한다는 생각을 버리라' 는 예수님의 말씀을 보도록 하자.

또 눈은 눈으로, 이는 이로 갚으라 하였다는 것을 너희가 들었으나 나는 너희에게 이르노니 악한 자를 대적하지 말라 누구든지 네 오른편 뺨을 치거든 왼편도 돌려대며 또 너를 고발하여 속옷을 가지고자 하는 자에게 겉옷까지도 가지게 하며 또 누구든지 너로 억지로 오 리를 가게 하거든 그 사람과 십 리를 동행하고 네게 구하는 자에게 주며 네게 꾸고자 하는 자에게 거절하지 말라 또 네 이웃을 사랑하고 네 원수를 미워하라 하였다는 것을 너희가 들었으나 나는 너희에게 이르노니 너희 원수를 사랑하며 너희를 박해하는 자를 위하여 기도하라 이같이 한즉 하늘에 계신 너희 아버지의 아들이 되리니 이는 하나님이 그 해를 악인과 선인에게 비추시며 비를 의로운 자와 불의한 자에게 내려주심이라 마 5:38-45

예수님은 '보복하지 말라' 고 말씀하신다. 분노에 잠겨서 앉아 있지 말고, 일어나서 율법을 넘어서라. 원수도 사랑하라. 중요한 것은 하나님의 자녀가 되는 것이다. 무엇이 공평한지 고민하지 말라. 인생을 공평하다고 말한 사람은 아무도 없다. 우리는 왜 인생의 불공평과 불의에 대해 분노하는가? 분노는 우리를 마비시켜 부정적인 생각에 옭아 매거나 우리를 압도해 상처주는 일을 하게 만들 뿐이다.

만일 누가 당신을 쳤는데 그렇게 하지 말았어야 한다는 요구가 생각난다면 당신은 화가 날 것이다. 예수님은 "상대가 당신을 다시 치도록 내버려두라."고 말씀하신다. 상대방이 다시 치도록 유도하라는 뜻은 아니다. 그것은 어리석은 짓이다. 예수님이 말씀하신 것은 타협과 공감의 태도를 가지라는 뜻이다. 즉 원하는 것과 소원을 말하는 것을 허락하면서 요구는 하지 않는 태도다. 그래서 그 자리에 서서 다음과 같이 말하지 않는다.

다시는 그렇게 하지 않는 게 좋을 걸?
당신이 나를 쳐서는 안 되는 거였어.
여기에 서서 그 사람이 다른 뺨도 내려치도록 할 생각이야.

자기 대화 속에서 우리가 해야 할 말은 다음과 같다.

나는 그가 나를 치지 않았으면 하고 바라.
그건 상처가 돼. 나는 잠시 따로 있어야겠어.
그가 왜 그런 행동을 했는지 알고 싶어. 그가 내게 그렇게 행동했을 때는 틀림없이 내면에 고통이 있기 때문일 거야.

이런 자기 대화가 자연스럽게 들리지는 않겠지만, 예수님이 명하시는 것이 바로 이것이다. 이런 자기 대화가 분노를 해소해줄 것이다.

다른 사람이 당신을 치는 일은 중단되어야 하는가? 물론이다. 그러나 생각으로나 노골적인 말로 그런 요구를 하는 것은 비합리적인 과정이다. 왜 비합리적일까? 최소한 세 가지 이유를 여기에 제시한다.

첫째, 누군가에게 화가 났을 때마다 해야 한다는 생각은 보통 우리를 과거에 집착하게 한다. 당신이 해야 한다는 단어를 사용할 때 자신에게 무엇을 말하고 있는지 주목해보라. "당신은 나를 치지 말았어야 했어." 당신이 요구하는 것이 이미 일어난 사실을 바꿀 수는 없다. 과거는 과거로 남으며, 결코 바꿀 수 없다. 그러나 우리는 자기 대화를 점검하고 우리가 붙들고 있는 해야 한다는 당위적인 말들을 찾아낼 수는 있다. 그러한 요구들은 과거와 관련된 것들이다. 과거에 대해 요구하는 것은 비합리적이다. 바꿀 수 없는 것이기 때문이다. 우리가 할 수 있는 유일한 선택은 요구를 없애는 것이다.

그러나 미래는 어떤가? 그 사람이 미래에는 그런 식으로 행동하지 말아야 한다! 우리 역시 그런 폭력적인 상황을 지켜보고만 있어도 안 된다. 하지만 상대에게 그런 요구를 할 때 어떤 일이 일어나는지 주목해보라. 상대는 아마 이렇게 말할 것이다.

상대가 이렇게 반응한다면 당신은 어떻겠는가? 화가 날 것이다! 요구하는 것이 비합리적인 두번째 이유는 당신이 미래의 행동에 대해 그런 요구사항을 강요할 수 없기 때문이다. 요구사항을 강요하면 당신은 무력하다는 사실만 깨닫게 될 것이다.

그러나 상대가 정말로 화가 나서 계속 위협한다면 어떻게 할 것인가? 그러면 당신은 요구하는 것이 비합리적인 세번째 이유를 경험하게 될 것이다. 상대에게 요구사항을 강요하면 저항에 부딪히게 된다. 삶에서 해야 한다는 말을 들으면 저항하는 것은 인간의 본성이다. 우리는 상대의 요구에 저항할 뿐 아니라, 스스로에게 부과한 당위적인 말에도 저항한다. 해야 한다는 말은 모두 비합리적인 것들이다! 오직 하나님만이 우리에게 그렇게 요구하실 수 있다. 그러한 요구를 하실 능력이 있는 유일한 분이시기 때문이다.

당신은 여전히 좌절감, 슬픔, 심지어 상처마저 느낄지도 모른다. 그러나 분노와는 달리, 그런 감정들이 해소되지 않는다고 해서 당신을 마비시키지는 않는다. 좌절감, 슬픔, 상처를 느낄 때는 여전히 공감을 갖고 그런 느낌들을 달랠 수 있다. 그 상황에서 여전히 책임 있게 행동할 수 있으며, 그런 감정들을 건설적인 것으로 전환시킬 수도 있다.

자기 대화를 조직화해서 해야 한다는 생각을 분석해 원하는 것과 소원으로 바꾸는 데 도움이 되는 방법을 아래에 제안한다. 큰 종이를 세 단으로 나누어라. 첫번째 단에는 당신 내면에 분노를 촉발하는 사람들과 상황을 적어보라. 두번째 단에는 그 사람들이나 상황에 대해 당신이 붙들고 있는 '해야 한다(요구)' 목록을 적으라. 세번째 단에는 원하는 것, 소원, 소망으로 말을 바꾸어 다시 써보라.

분노를 촉발하는 사람/사건	해야 한다/요구	소망으로 다시 쓰기
아들이 교과서를 잃어버렸다.	아들이 어떻게 해야 할지 더 잘 알고 있어야 한다.	아들이 책임감 있게 행동하면 좋겠다.
	아들이 교과서를 빨리 찾아야 한다. 아들은 좀더 책임감이 있어야 한다.	언젠가는 그런 행동은 스스로를 힘들게 하는 것임을 아들이 이해하게 될 것이다.
	내가 아들에게 일일이 말할 필요가 없어야 한다.	내 도움 없이도 아들이 이런 일들을 잘 처리하면 기쁠 것이다.

할 수 있는 한 길게 목록을 작성하라. 그리고 특정 상황에 대해 화나기 시작할 때마다 종이를 꺼내 세번째 단을 여러번 반복해서 읽어라. 그렇게 몇 번 연습하고 나면, 모든 생각을 사로잡아 복종시킴으로써 마음속으로도 같은 과정을 진행할 수 있을 것이다.

분노는 인간됨의 일부분임을 기억하라. 분노는 기본적이고 필수적인 감정이다. 분노는 자동차 계기판처럼 뭔가 잘못되었다고 말해주는 경고등과 같다. 분노는 당신이 주의를 기울여주기를 요청한다. 당신이 그 신호를 무시하면 어려움을 초래하게 된다. 그러나 당신이 겁에 질려 그 신호에 압도되면 문제는 더 복잡해질 수 있다. 그렇게 하는 대신, 경고등에 주의를 집중해 경고등이 계속 켜지게 만드는 원인을 제거하라. 해야 한다는 생각을 찾아내, 그러한 당위적 사고와 요구를 논박해서, 원하는 것과 소망으로 바꿀 때 분노를 치유할 수 있다. 그러면 화를 내되 죄를 짓지 않을 수 있다.

1 당신은 자라면서 분노에 대해 어떤 태도를 취했는가? 그 경험이 오늘날 당신이 분노를 다루는 방식을 형성하는 데 어떤 영향을 주었는가?

2 당신의 분노 영역 중에서 당위적 생각이나 요구를 갖고 있는지 찾아내기 어려운 영역은 무엇인가?

3 이번주에 당신의 요구를 원하는 것, 소망, 소원으로 바꿈으로써 관계에 변화를 가져올 수 있는 사람을 생각해보라. 당신이 취해야 할 첫번째 단계는 무엇인가?

chapter 6

우울증에서 벗어나기

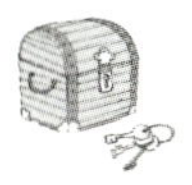

많은 경우 분노를 느끼는 문제들과 그에 대해 비합리적으로 요구하는 자기 대화 반응은 결국에는 우울증과의 투쟁으로 이어진다. 한 연구에 따르면, 성인 인구의 15퍼센트가 치료를 요하는 심각한 우울증으로 고통을 겪을 것이라고 한다.

우울증은 정신과 입원(우울증 환자가 전체 정신병원 입원 환자의 4분의 3을 넘는다)뿐만 아니라 약품 판매 및 연구 측면에서도 큰 비즈니스 대상이다. 프로잭, 팍실, 졸로프트 외에 지금도 개발 중인 항우울제들은 특별히 우울증 치료에 초점을 맞춘 수조 달러가 넘는 투자 산업이다. 대부분의 우울증이 원인인 자살이라는 극단적 희생을 고려할 때 우울증의 가치는 더욱 커진다. 우울증은 인간이 경험하는 가장 불쾌한 감정이다.

또한 우울증은 누구나 보편적으로 겪는 경험이다. 전세계 여러 나라에서 실시된 연구에 따르면, 모든 문화권 사람들에게서 우울증이 발견된다. 이 연구들은 우울증을 겪는 방식의 차이점에 주목했다. 예를 들어 원시문화일수록 우울증을 겪으면서 죄책감을 느끼지 않았다. 죄책감으로 자신을 비난하는 서구문화와는 달리, 원시문화에서는 모든 비난을 외부로 돌린다. 자신의 문제는 악의 세력에서 온 것이라고 여긴다. 자신에 대한 비난이 없기 때문에 죄책감도 전혀 없다. 그러나 외부의 어둡고 악한 세력 때문이든지, 자신의 어리석음 때문이든지, 무기력감과 소망 없는 절망감이 드는 것은 마찬가지다.

너무나 쉽게 걸리는 질병, 우울증

사람들은 우울할 때 항상 그 사실을 알까? 그렇지 않다. 우리는 우울증의 현실에서 도피하는 여러 가지 방법을 갖고 있다. 어떤 사람들은 계속 사업을 벌이면서 우울증을 숨긴다. 그들은 눈을 뜰 때부터 지쳐서 잠자리에 드는 순간까지 일한다. 질병이나 수술 같은 큰일이 벌어져 모든 활동을 중단할 때가 되어야 비로소 자신이 우울증에 걸린 것을 깨닫는다. 어떤 사람들은 신체증상에만 초점을 맞춤으로써 우울증을 숨긴다. 그들의 문제가 신체적 원인에서 오는 것이 아니라는 의사의 말을 듣고 나서야 비로소 정신적 문제의 가능성을 직시한다. 그러고는 대개 우울증에 걸려 있다는 사실을 알게 된다.

다음은 우울증이 어느 정도인지 파악하게 도와주는 간단한 검사다. 각 항목을 주의 깊게 읽고 지난 며칠간 당신의 느낌에 해당되는 곳에 체크하라. 분명하게 결정을 내리기 어려울 때는 좀더 자주 느끼는 쪽에 표시하라.

우울증 검사			
	거의 그렇지 않다	가끔 그렇다	자주 그렇다
1. 짜증이 나거나 귀찮다.	☐	☐	☐
2. 슬픔을 느낀다.	☐	☐	☐
3. 삶에 즐거움이 없다.	☐	☐	☐
4. 내 약점과 실수에 대해 스스로를 비판한다.	☐	☐	☐
5. 식욕이 바뀌었다.	☐	☐	☐
6. 잠을 잘 자지 못한다.	☐	☐	☐
7. 섹스에 관심이 적어졌다.	☐	☐	☐
8. 죄책감을 느낀다.	☐	☐	☐
9. 자살 생각을 한다.	☐	☐	☐
10. 신체적 문제가 걱정된다.	☐	☐	☐
11. 집중하기가 어렵다.	☐	☐	☐
12. 결정 내리기가 어렵다.	☐	☐	☐
13. 죽고 싶은 마음이 든다.	☐	☐	☐
14. 바라볼 게 아무것도 없다는 느낌이 든다.	☐	☐	☐
15. 항상 피곤하다고 느낀다.	☐	☐	☐

우울증이 만드는 피해

다 응답했다면, 각 단에 응답한 개수를 세어보라. 첫번째 단에 응답한 것은 0점, 두번째 단에 응답한 것은 1점, 세번째 단에 응답한 것은 2점이다. 각 점수를 합해 총점을 내라.

전체 점수	우울증 수준
0–5	우울증 문제가 없음
6–10	경미한 수준의 우울증
11–15	중간 수준의 우울증
16–20	심한 수준의 우울증
21–30	극단적인 우울증

11점 이상이면 전문가를 만나 우울증 치료를 받아야 한다. 점수가 높을수록 서둘러 도움을 받아야 한다. 몇 개월 동안 같은 수준의 점수가 나왔다면 특히 더 전문가를 만나볼 필요가 있다.

특히 9번 질문과 13번 질문에 집중하라. 세번째 단에 표시했다면 더더욱 그렇다. 이 질문들은 현재 겪고 있는 자살 성향과 관련된 것으로, 각 질문에 2점 이상 응답했다면 전문가의 도움을 긴급히 받아야 할 정도로 심각한 상태이다. 그것이 힘들면 그 상태를 목회자와 나누어야 한다. 당신이 발견한 자살 충동이 문제가 아니라, 당신의 절망감이 얼마나 심각한지 보여주는 척도이기 때문이다. 치료

해야 할 것은 바로 이러한 절망감이다.

또한 10번 질문에 대해 두번째 혹은 세번째 단에 응답했다면, 의사와 상담하는 것이 중요하다. 우울증은 여러 가지 신체증상을 일으킬 수 있지만, 이 증상들은 치료 가능한 질병이다.

우울증의 신체적 측면과 정신적 측면 사이의 상호작용은 늘 혼란스럽다. 어떤 이들은 약물치료에만 해답이 있다고 본다. 어떤 유형의 우울증은 이 말이 맞으며 약물치료에 초점을 맞추어야 한다. 예를 들어 어떤 우울증은 유전적이다. 우리 집 가계도를 보면 부모님 중 한쪽 혹은 양쪽이 우울증을 앓았다는 것을 알게 된다. 어쩌면 그 부모들과 형제들도 우울증으로 고생했을지도 모른다. 이러한 상태에 대해 생리화학적 증거들이 있다. 시력이 나쁘면 안경이나 콘택트렌즈로 교정하듯이 이러한 우울증은 약물로 치료해야 한다.

우울증에 빠지면 뇌의 화학물질이 바뀌지만, 대부분의 경우 중요한 것은 뇌의 화학물질의 변화와 감정적 절망 중 어느 쪽이 먼저 시작되는가 하는 점이다. 자기 대화의 변화를 통한 우울증 치료를 옹호했던 초기 이론가 중 한 사람인 아론 벡^{Aaron Beck} 박사는 흥미로운 실험을 했다. 그는 비슷한 수준의 우울증을 앓고 있는 사람들을 뽑아 두 집단으로 나누었다. 첫번째 집단은 항우울제를 12주 동안 투여했고, 두번째 집단은 약물치료 없이 자기 대화에 초점을 맞춘 치료법을 12주 동안 실시했다.

12주 후 결과는 예상과 상당히 달랐다. 약물치료만 받은 집단은 20퍼센트가 완전히 회복되었고, 약 33퍼센트가 12주 전에 도중

하차했다. 그런데 자기 대화를 다룬 집단은 75퍼센트가 회복되었고, 10퍼센트만 도중하차하거나 나아지지 않았다. 1년 후 후속모임에서 두 집단 모두 같은 결과가 여전히 유지되고 있었다. 약물치료는 도움이 되고 어떤 경우에는 절대적으로 필요하지만, 태도와 같은 문제들은 약물치료만으로는 거의 도움이 되지 않는다. 태도가 가장 중요하다. 적어도 우울증의 경우에는 태도가 거의 모든 것을 좌우한다고 해도 과언이 아니다.

성경에 나타난 우울증

우리는 2장에서 예레미야애가 3장 1-20절에 묘사된 예레미야의 우울증을 살펴보았다. 성경에서 우울증을 묘사하는 단어 중 하나는 "낙심"이다. 20절에서 예레미야는 그가 경험한 모든 끔찍한 일들을 열거한 후에 "내 마음이 낙심된다"고 끝맺는다. 여기에서 사용된 히브리어 원어는 시편 42편 5절에 사용된 것과 같다.

> 내 영혼아 네가 어찌하여 낙심하며 어찌하여 내 속에서 불안해하는가
>
> 시 42:5a

시편 42편 11절과 43편 5절에 기자가 다시 선택한 후렴도 같은 것이다. 히브리어 어원의 뜻은 '가라앉다', '의기소침하게 되

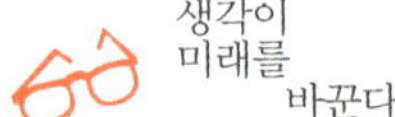

다'이다. 시편 기자는 우울증에 대해 말하고 있는 것이다. 예레미야애가 3장 21절에서 예레미야가 그랬던 것처럼, 시편 기자는 자신의 초점과 자기 대화를 바꿈으로써 자신의 질문에 답한다.

성경 인물 중에 우울증으로 분투한 사람은 비단 예레미야와 시편 기자만은 아니었다. 사울왕은 성인기의 대부분을 우울증으로 고생했다. 그의 우울증은 하나님이 선택하신 왕으로서의 기름 부음이 떠나갔을 때 시작되었다. 사무엘상 16장 14절은 사울왕의 우울증이 어떻게 시작되었는지 말하고 있다. "여호와의 영이 사울에게서 떠나고 여호와께서 부리시는 악령이 그를 번뇌하게 한지라."

이것은 설명하기 어려운 구절이다. 우리는 하나님이 어떻게 "악령"을 부려서 사울왕을 번뇌케 하실 수 있었는지 이해하기 어렵다. 이 구절은 '악의 영' 또는 '고뇌의 영'으로 번역될 수도 있다. 구약에서는 '고뇌(affliction, 고생, 고난)'라는 단어가 많이 등장하는데, 그것은 '우울'이라는 의미를 담고 있다. 예를 들어 요셉이 둘째 아들의 이름을 "하나님께서 나로 하여금 내 고난의 땅에서 번영하게 하셨다"는 뜻의 에브라임으로 지었을 때이다창 41:52(우리말성경). 요셉은 절망과 우울을 겪었음에 틀림없다. 특히 억울하게 참소를 당해 감옥에서 13년을 보냈을 때 고뇌했을 것이다.

우리도 영혼의 원수에게 공격받을 때 우울증을 경험할 수 있다. 사울왕의 경우, 그 구절은 억압하는 악령이 그를 공격했다는 의미일 수 있다. 우울증은 분명히 영적 원인이 있다. 사울왕이 불순종한 것처럼 우리가 죄를 지을 때 우울증을 경험할 수 있다. 우리 삶에 죄가 있을 때, 분명 원수가 우리 마음과 생각을 공격하도록 문이 열리게 된다. 영적 전쟁에서 우리의 무기는 마음과 생각임을 이미 보았다고후 10:3-6.

사울왕과 요셉의 경우, 우울증은 그들의 삶에 일어난 외부사건과 직접적 관련이 있으며, 그 사건에 관한 내적 독백, 즉 자기 대화와 관련이 있다. 사울왕의 우울증은 하나님이 그에게서 왕으로서의 기름 부으심을 거두어갔기 때문이었다. 요셉의 우울증은 모든 사람들로부터 버림받고 낯선 땅에서 부당하게 고소당했기 때문이었다.

우리는 그들의 삶에서 외부사건을 구체적으로 지적할 수 있기 때문에 그들의 우울증을 이해할 수 있다. 삶 속에 일어난 고통스럽고 상처가 되는 불공평한 사건에 우울한 감정을 직접적으로 관련짓게 되면 최소한 왜 자신이 우울한지 이해할 수 있다. 그러나 우울증이 늘 합리적이거나 논리적이지는 않다.

엘리야를 보자. 열왕기상 18장에서는 성경 역사에서 가장 극적인 사건 중 하나가 나온다. 엘리야 한 사람이 아합왕, 이세벨왕비, 450명의 바알 선지자를 상대한다. 그는 하나님께 등을 돌리고 바알을 숭배한 이스라엘 백성들도 여러 가지 방법으로 상대했다. 엘리야는 하루 종일 용감하고 담대하게 홀로 서서 선지자들과 백성들, 그들의 거짓 신을 대면했다. 그들에게 "바알을 깨워보라!"고 도전한 그는 그들의 신이 너무 바쁘거나 여행을 갔든지, 아니면 화장실에 앉아 있는 모양이라고 비웃으면서 그들을 꾸짖었다. 그는 "바알 신이 너희들의 소리를 듣고 제물을 태우도록 더 크게 소리질러봐라."고 말했다. 그들은 큰소리를 내고 칼과 창으로 자신의 몸에 상처를 냈지만 아무 일도 일어나지 않았다.

그러고 나서 저녁이 가까워오자, 엘리야는 백성들에게 먼저 주님의 제단을 보수하고 나무와 제물을 준비하라고 명한다. 그는 제물과 나무, 제단을 물로 흠뻑 적시는 어처구니없어 보이는 행동을 한다. 하지만 엘리야가 믿음의 기도를 하자 하늘에서 불이 내려와 제물을 태웠고 도랑에 있는 물까지도 핥아버리는 광경이 모든 이스라엘 백성들 앞에서 벌어진다!

그날은 엘리야와 한분이신 참 하나님이 승리한 날이었다. 게다가 엘리야는 3년 동안 있었던 가뭄을 끝낼 비가 오도록 기도했고, 그의 사환이 "사람의 손만한 작은 구름이 바다에서 일어나는 것"을 보았을 때 엘리야는 아합왕에게 큰 비가 내리기 전에 집으로 돌아가라고 말했다.

엘리야가 거짓 선지자들과 맞서 위대한 승리를 한 후 주님의 능력과 보호를 훨씬 더 확신했을 것이라고 믿는 게 이성적으로 보인다. 그러나 24시간도 안 되어 그의 목숨을 없애겠다는 이세벨왕비의 한마디에 겁을 먹고 도망친다. 우선 그는 갈멜산에서 도망쳐 이스라엘 북서쪽으로 간 후 유대 땅에서 가장 남쪽인 브엘세바로

간다. 그러나 그것으로도 충분하지 않았다. 거기에 사환을 남겨두고 하룻길을 남쪽으로 더 도망간다.

거기서 너무나 지치고 낙심한 엘리야는 로뎀나무 아래 쓰러져 "죽기를" 간구한다 왕상 19:4. "여호와여 넉넉하오니 지금 내 생명을 거두시옵소서." 조금 전 위대한 영적 승리를 연달아 거둔 엘리야가 침체에 빠져 죽고 싶어하는 것이다. 큰 기적을 경험했음에도 우울증에 빠진 것이다. 이것이 비합리적 우울증의 예다.

외적으로 보면 이치에 맞지 않다. 사울왕과 요셉, 심지어 예레미야가 겪은 우울증은 이해할 수 있지만 엘리야의 경우는 그렇지 않다. 그렇기 때문에 엘리야의 경험은 우울증과의 분투에서 우리가 더 힘들어하는 부분에 중요한 통찰을 줄 수 있다. 표면적으로는 모든 것이 잘 돌아가는 것 같은데 우울증이 생긴다.

엘리야의 자기 대화

엘리야에게 절망과 두려움을 가져다준 것은 무엇일까? 이세벨왕비가 그의 생명을 위협한 사실은 성경에도 나와 있지만, 그것은 바알 선지자들에게 도전할 때 감수한 위험과 비교해보면 아무것도 아니다. 이성적으로는 이렇게 말하게 된다. "아합왕과 이세벨왕비, 450명의 바알 선지자들을 상대해 그런 극적 승리를 주신 하나님이 엘리야를 왜 지금 버리시겠는가?"

엘리야의 우울증의 원인은 이성이 아니다. 이세벨의 건방진 메시지나 힘겨운 승리 뒤에 자연적으로 따라오는 침체가 원인일 수 있다. 하나님께 더 이상 필요한 존재가 아니라는 불안정감이 원인일 수도 있다.

엘리야에게 두려움을 촉발시킨 것이 무엇인지 우리는 확실히 알 수 없다. 그러나 일단 촉발된 두려움은 엘리야의 자기 대화 패턴 속에서 쉽게 발견된다. 그의 생각 속에서 계속되는 내적 대화들은 다음과 같은 것이었다.

정말로 이세벨이 나를 죽이면 어떡하지? 부하들이 나를 찾아낼 거야.
하나님이 나를 버리셨으면 어떡하지?
어쩌면 나는 하나님께 그다지 중요한 존재가 아닐지도 몰라.
결국 하나님의 눈에는 내가 어떤 존재로 보일까? 난 벌레에 불과해!
나를 챙길 사람은 나밖에 없어.

이러한 생각을 가진 엘리야는 깊은 우울증과 절망으로 가는 부정적 자기 대화에 빠지고 만다. 외부에서 바라보면 그가 믿기로 한 말들이 얼마나 비합리적이며 사실이 아닌지 알 수 있다. 그러나 엘리야의 입장이 되면, 우리도 아마 비슷한 생각과 느낌, 행동에 빠질 것이다.

그것은 죄악된 인간들이 스스로 문제를 찾아내려고 애쓸 때 흔히 쓰는 방식이다.

함정에 빠진 자기 모습

아론 벡 박사는 누구나 이따금씩 사용하는 여섯 가지 왜곡된 자기 대화 패턴을 찾아냈다.● 우울증의 뿌리에는 이러한 사고의 오류체계들이 자리잡고 있다. 우울증을 이기도록 도우려고 친구들이나 가족들이 증거를 보여주고 이성적 논거를 대도, 다음의 여섯 가지 패턴 때문에 우리는 부정적 사고에서 벗어나지 못한다.

자의적 추론 arbitrary inference 이것은 근거도 없이 사실이라고 결론 내리는 경향을 말한다. 모든 증거들이 정반대의 사실을 말해주는데도 자기 임의대로 결론을 내린다. 엘리야는 이세벨이 자기를 죽이겠다고 위협한 것을 행동으로 옮길 것이며 하나님은 자신을 보호해주지 못하실 것이라고 가정하면서 왜곡된 추론에 빠진다. 엘리야는 하나님의 능력과 보호를 보여주는 놀라운 사건을 방금 전에 체험했으면서도 그런 생각을 믿었다.

가정은 종종 이러한 패턴이 자리잡는 역할을 한다. 어쩌면 우리는 석사학위를 갖고 있고, 자신의 삶이나 직장에서는 자신감에 가득차 있을지도 모른다. 그러나 부모님에게 멍청하다는 말을 습관적으로 들어왔기에 '나는 멍청하다.' 는 생각을 물리치느라 항상 분투한

● Aaron T. Beck, A. John Rush, Brian F. Shaw, Gary Emery, eds., *"Cognitive Therapy of Depression"* (New York: Guilford Press, 1979), 14.

생각이
미래를
바꾼다

다. 자신의 지적 능력이 평균보다 훨씬 높다는 증거가 있는데도 불구하고 어떤 부분에서는 자신을 멍청하다고 정말로 받아들인다.

선택적 추출 selective abstraction 이 패턴은 문맥에서 작은 세부 사항을 택해 그것에만 집중하면서 다른 중요한 정보는 무시하는 것을 말한다. 엘리야도 이 패턴을 사용했다. 이스라엘 중에 하나님을 경외하는 사람은 자기밖에 남지 않았다고 불평했을 때는 바알 선지자들과 홀로 맞선 직후였다.

그는 그 경험을 마치 절대적 사실처럼 만들어버렸다. 하나님은 엘리야에게 하나님을 경외하는 사람들이 7천 명이나 더 있다는 것을 상기시켜주셨다.

아름다운 여성이 점 하나가 있거나 코가 조금 굽었다고 해서 자신을 못생겼다고 믿을 때 선택적 추출이 작용하고 있다. 벽 밑판을 다 청소하지 못해 집이 지저분하다고 말하는 주부에게서도 선택적 추출을 발견할 수 있다. 자기 집에 깨끗하다는 증거가 허다한데도 여전히 지저분하다고 생각하는 것이다.

과잉 일반화 overgeneralization 이것은 몇 가지 별개의 사건을 가지고 일반적으로 반복되는 패턴으로 믿는 것을 말한다. 한 예로 학대 가정에서 성장한 사람을 들 수 있다. 아버지가 신체적으로 학대한 적이 몇 번 있었고 대부분 언어 학대가 있었다면, 그는 누구라도 자신에게 소리치면 신체 학대가 뒤따를 것이라고 확신한다.

소리는 쳤지만 신체 학대가 없었던 경우가 수없이 많았는데도 말이다.

과장과 축소 magnification and minimization   나는 이것을 'M&M 질병'이라고 부른다.  이 패턴은 여러 가지 증거가 있는데도 그것을 축소해 사건의 한쪽 측면만을 부풀리는 것을 말한다. 예를 들어 메리는 아침 내내 집안을 청소했는데 청소를 끝내기 직전 친구가 집에 들렀다. 메리는 안절부절 못하면서 친구에게 집이 엉망이어서 미안하다고 사과한다. 집 청소가 끝나지 않았다는 것은 메리 말고는 아무도 눈치채지 못하지만, 메리는 집 청소를 끝내지 못했기 때문에 이미 청소한 것은 축소하고 아직 청소되지 않은 것을 과장해서 생각했다.

개인화 personalization   성격이나 가정에서 받은 훈련 때문에 주변에서 일어나는 각종 사건을 관련이 있다는 근거가 전혀 없는데도 자신과 연결짓는 사람들이 많다. 예레미야애가 3장에서 예레미야가 이러한 모습을 보였다. 그의 절망감은 유다가 망했을 때 하나님이 자신을 버렸다는 느낌에서 비롯되었다. 그것은 그의 잘못이었다. 더 분명하게, 더 자주, 더 강하게 말씀을 전하지 않았기 때문이었다. 어쨌든 그는 하나님을 실망시켰다. 이러한 개인화 과정 속

● David Stoop, *Hope for the Perfectionist* (Nashville: Thomas Nelson, 1986, 《완벽주의로부터의 해방》).

에서 예레미야는 하나님을 버린 것은 백성들이라는 사실을 잊어버렸다.

절대주의적 이분법적 사고 absolutistic, dichotomous thinking 이 패턴은 완벽주의의 뿌리에 깔려 있는 것으로, 완벽주의는 우울증으로 가는 확실한 길이다. 이 사고 패턴은 세상을 양극단으로 나눈다. 완벽하거나 쓸모없거나, 티 하나 없거나 불결하거나, 좋거나 나쁘거나, 성인이거나 죄인이거나 둘 중 하나다. 우울증에 빠지면 우리의 내적 독백, 즉 자기 대화는 이러한 이분법을 따른다. 그리고는 끔찍하고 절망적이며 무기력한 부분을 자신에게 적용하고 긍정적인 행동과 능력은 다른 사람의 것으로 돌려버린다. 이분법적 사고는 우리를 마비시켜서 무력하게 만들고 우울증에 빠지게 한다.

우리는 이 여섯 가지 방법으로 자기 대화를 왜곡시키고, 우리 자신과 세상, 하나님을 평가한다. 나는 우울증에 빠진 사람들과 대화하면서 버려진 자들을 위한 하나님의 약속을 보여주려고 애썼다. 그러나 하나님에 대한 왜곡된 사고 때문에 그들은 하나님을 처벌하는 존재로만 볼 뿐이었다. 어쩌면 당신은 우울증에 빠진 사랑하는 사람에게 희망적인 말을 해주려고 애썼지만 거듭 "그렇지만…"이라고 말하는 것을 들어왔는지도 모른다. 왜곡된 사고가 자기 대화에 어떤 영향을 미치는지 이해할 때, 우울증을 깨뜨리는 것이 얼마나 어려운지 알 수 있다.

우울해질 때 우리의 생각은 부정적 감정의 지배를 받는다. 그렇게 되면 우리는 자의적 추론이나 다른 왜곡 패턴을 사용하게 되어, 부정적인 사건뿐 아니라 부정적인 감정을 부추기는 생각에 집중하게 된다. 좋은 것들은 다 축소하고 최악의 상황이라고 믿을 때 실제로 상황은 나빠진다. 이것은 우울감과 절망을 더 악화시킨다.

과거를 돌아볼 때도 실패한 일과 죄책감을 느끼게 하는 일만 떠올린다. 미래를 바라볼 때는 공허함과 절망만 바라본다. "아무것도 바뀌지 않을 거야!"라고 자신에게 말한다. 현재를 바라볼 때는 우리가 이미 사실로 믿어버린 모든 끔찍한 생각들을 심화시키는 부정적이고 억압적인 것만 바라본다. 로마서 7장에서 바울은 이러한 덫에 빠진 느낌으로 분투하고 있었다. 결국 그가 "오호라 나는 곤고한 사람이로다 이 사망의 몸에서 누가 나를 건져내랴"롬 7:24고 탄식한 것도 이상한 일이 아니다.

우울증에서 벗어나기

엘리야의 경험을 통해, 삶 속에서 우울증을 없애기 위해 할 수 있는 여섯 가지 일을 발견할 수 있다. 우울에 빠질 때 내면의 모든 것들이 이러한 단계를 밟지 못하게 방해할 것이다. 그러나 하나님의 도우심으로 회복의 방향으로 작은 발걸음을 한 단계 내디딜 수 있다면, 우리는 자기 대화 속에서 이전과 다른 사이클을 시작할 수 있다.

새로운 행동을 시도하라

아무리 작은 것이라도 무언가 새롭게 하라. 어떤 것이든 상관없다. 절망감을 뚫고 나오는 것은 의지적 선택이다. 우울증에 빠져 있었던 한 여성이 있었다. 내가 뭐라도 하라고 제안을 하면 그녀는 "하지만…"이라고 하거나 무시해버렸다. 어느 날 상담이 끝날 무렵 나는 한 주간 해야 할 과제를 말해주었다. 일주일 중 하루를 정해 우울을 즐기는 날로 삼으라는 것이었다. 그날은 우울해지지 않으려고 애쓰지 말고 하루 종일 침대에 누워서 우울한 것을 즐기라고 했다. 원하는 대로 TV를 보고, 먹고 싶은 것을 마음껏 먹으라고도 했다. 의도적으로 그렇게 하고 그것을 즐기면 되는 것이었다. 그녀는 처음에 내가 미쳤다고 생각했지만, 아이들을 학교에 데려다줄 필요가 없는 날을 그날로 선택했다. 다음번에 만났을 때 그녀는 학교에서 돌아온 딸이 파자마를 입은 채 감자칩을 먹으면서 TV를 보고 있는 자신을 보고 충격을 받았다는 이야기를 했다. 하지만 효과는 있었다! 일부러 그렇게 했기 때문에 그녀는 무엇인가 한 것이었다. 그것도 선택을 의미하기 때문이다. 그것은 그녀가 우울증으로 인한 갈등을 끝내게 된 계기가 되었다.

엘리야는 목숨을 건지기 위해 도망쳤다. 그는 이스라엘과 유다를 가로질러 달렸다. 달리기를 멈추었을 때 하나님은 그에게 더 달리라고 말씀하셨다. 하나님은 그를 시내반도 제일 아랫부분에 있는 시내산에 보내셨다. 40일간 주야로 사막을 통과하는 여정이었다. 엘리야는 우울증에 빠져 있었다. 하나님은 이치에 맞지 않는 새로운 과제를 주셨지만 엘리야는 시키는 대로 했다. 그는 무엇인가 한 것이다. 그러자 우울증이 사라졌다.

당신은 어떤 것을 할 수 있는가? 무엇인가를 하기로 선택하는 한 무엇을 하는지는 중요하지 않다. 1시간 일찍 일어나 바로 옷을 입겠다고 선택할 수 있다. 아니면 가족을 위해 아침식사를 준비하기로 결정할 수 있다. 우울증에 걸린 후로 하지 않았던 뭔가를 하는 것이다. 어떤 일을 하기로 결정하면 그것이 아주 작은 일이라 할지라도 통제력을 되찾게 된다. 엘리야에게 계속 달리라고 하셨을 때, 하나님은 엘리야의 삶에 통제력을 되찾아주셨다. 이세벨의 명령이 아니었다. 하나님이 명령하시고, 엘리야가 동의한 것이었다!

자신을 돌보라

우울증에 빠지면 자신을 돌보지 않게 된다. 어떤 사람들은 자신을 제외한 모든 사람들을 돌보다가 탈진해서 우울증이 생기기도 한다. 로뎀나무 아래에서 죽기를 간청했던 엘리야에게 하나님이 어떻게 하셨는가왕상 19:5. 엘리야를 잠들게 하신 후 천사가 그를 깨워 일어나 먹으라고 했다. 엘리야가 먹고 난 후에 하나님은 한번 더 그를 재우셨다가 다시 먹인 후 길을 떠나보내셨다.

우울증에 빠졌을 때 자신을 돌보는 것에는 여러 가지가 있다. 예를 들어 건강검진을 받을 수 있다. 이것은 1단계와 2단계를 모두 충족시킨다. 무언가 할 뿐만 아니라, 자신을 돌보는 것이다. 식습관을 바꿔 건강식을 먹을 수도 있고, 남편에게 아이들을 부탁하고 몇 시간 동안 뜨거운 목욕을 하고 휴식할 수도 있다. 당신이 원하는 일을 하면서 자신이 그것을 즐기도록 허용하라.

우울증에 빠지면 자신을 돌보는 일이 가장 어려울 수 있다. 자신에 대해 너무 낙심해서 좋은 것을 생각만 해도 죄책감이 더해진다. 그러나 엘리야가 우울증에 빠졌을 때 하나님이 어떻게 하셨는지 묵상하라. 하나님은 그를 질책하지 않으셨다. 그를 돌보셨다. 그를 먹이고 재우고 그로 하여금 하나님의 성품과 능력을 되새기게 하셨다. 하나님은 엘리야가 정말로 필요로 하는 것을 주셨고, 당신에게도 그렇게 하실 것이다. 그분이 당신을 돌보시도록 하라. 당신 스스로 자신을 돌보아야 한다는 뜻이기도 하다.

왜곡된 자기 대화에 직면하라

하나님께서 엘리야에게 세번째로 행하신 일은 그의 왜곡된 생각을 직면하게 하는 것이었다. 시내산에 도착한 엘리야는 동굴에 들어가 휴식을 취했다. 그때 하나님이 찾아오셔서 그를 질책하는 대신에 간단한 질문을 던지신다. "엘리야야, 여기서 뭘 하고 있느냐?" 엘리야의 대답을 보라.

> 저는 만군의 하나님 여호와를 큰 열심으로 섬겼습니다. 그러나 이스라엘 자손들이 주의 언약을 버리고 주의 제단을 부수며 주의 예언자들을 칼로 죽여 이제 저만 혼자 남았습니다. 그런데 저들이 이제는 제 목숨까지 빼앗으려 합니다. 왕상 19:14(우리말성경)

왜곡된 생각을 보라. 18장에서 사람들은 제단을 쌓고 "여호와 그는 하나님이시로다!"라고 외쳤다. 그러고 나서 문자 그대로 바알의 거짓 선지자들을 멸했다. 하나님은 엘리야의 증상과 왜곡을 넘어서서 문제의 핵심을 찌르신다. 어떤 이유에서인지 엘리야는 하나님이 전능하신 여호와라는 사실을 잊어버렸다. 그러자 하나님은 그분의 능력을 놀랍게 보여주신다.

우선 하나님은 산을 가르는 강한 바람을 보내신다. 그러고 나서 지진과 함께 불을 보내신다. 하나님은 그런 강력한 형상 속에 거하시지 않는다. 그분이 그런 것을 보내신 것은 엘리야의 유익을 위해서였다. 하나님은 세미한 음성으로 엘리야에게 말씀하신다. 예전과 똑같은 질문으로 말이다. 엘리야가 알아야 할 것은 예전에 경험했던 것처럼 하나님이 어떤 것보다도 강하신 분이라는 사실이 아니었다. 그는 그 사실을 갈멜산에서 이미 목격했다. 깊은 절망 속에서 엘리야를 계속 따라다닌 질문은 "하나님이 여전히 엘리야라는 사람에게 관심이 있으신가?" 하는 것이었다. 부드러운 속삭임이 엘리야의 마음속에 들릴 때, 그는 하나님의 또 다른 성품을 보았다. 하나님은 그분의 성품을 엘리야에게 사랑으로 드러내 보여주셨다.

당신이 왜곡된 자기 대화를 직면하기 시작할 때, 진리가 당신에게 어떤 것이 될지 이해할 준비를 하라. 당신의 왜곡된 시각 속에 숨어 있는 하나님의 관점을 볼 수 있도록 자신을 개방하라. 진리가 숨겨져 있을 가능성이 있는데도 믿지 않으려고 씨름했던 부분을 하나님께 내놓아라. 하나님은 우리 각자에게 나타나고 싶어하시며,

너무나 좋은 진리이신 그분의 속성을 우리에게 보여주기 원하시고 우리가 그것을 체험하기 원하신다.

목표를 재조정하라

시내산에서 하나님은 하나님에 대해 엘리야가 갖고 있던 초점을 재조정하셨다. 엘리야는 하나님이 바알 선지자들을 쓸어버리는 것과 같은 큰일에만 관심을 가지시고 엘리야를 돌보거나 이세벨로부터 보호하시는 것과 같은 작은 일에는 관심이 없으시다고 믿었다. 2장에서 무엇이 통제의 중심에 있는지 바라보는 관점이 중요하다고 이야기했다. 엘리야의 관점은 교정될 필요가 있었으며, 우리 역시 우울증에 빠질 때는 관점을 교정할 필요가 있다. 엘리야가 언제 달려야 할지 확신이 없는 순간에도 하나님은 여전히 모든 것을 통제하고 계셨다. 가장 깊은 절망 속에서도 하나님은 여전히 통제하고 계시며, 어떤 것도 그분의 사랑 어린 관심에서 벗어나게 할 수 없다.

엘리야는 초점을 재조정해 하나님에 대해 갖고 있던 관점을 고쳐야 했을 뿐 아니라, 자신의 분노도 초점을 다시 맞추어야 했다. 그가 분노했던 대상은 사실 이세벨이었지만, 두려움에 굴복한 그는 이세벨에게 분노하는 것을 두려워했다. 나는 우울증에 빠진 사람들이 대개 분노로 어려움을 겪는 것을 발견했다. 그들은 분노하지 않은 것이 아니라, 그 분노에 합당한 사람에게 분노를 돌리지 않고 모두 자신에게 쏟아 부은 것이다. 엘리야는 이세벨에게 화낼 만한 이유가 있었다. 그러나 그는 분노하는 대신 두려움에 굴복하고 말았다. 그의 분노는 어디를 향했는가? 자신이 너무나 무기력하여 이세벨에게 맞설 수 없다고 느꼈기 때문에 아마도 스스로를 향했을 것이다. 하나님이 지켜주실 것과 또 그렇게 하실 능력이 있음을 믿지 않았기에 그는 하나님을 향해서도 분노했을 것이다. 엘리야는 모든 사람과 상황에 화가 났지만, 문제의 원천은 이세벨이었다.

당신의 분노는 어디를 향하고 있는가? 당신의 분노가 어디에서 기인하는지 초점을 재조정하고 그것이 우울감과 무력감에 어떤 영향을 미치는지 살펴보라. 우울증에 빠져 있을 때는 그렇게 하는 것이 쉽지 않지만, 그렇게 할 때 당신의 관점이 달라질 것이다.

우울증상을 관찰하라

열왕기상 19장을 읽어보면, 흥미롭게도 하나님은 엘리야와 우울증의 원인에 대해 토론하지 않으신다. 하나님은 "엘리야야, 네가 왜 여기 있느냐?"라고 두 번 질문하셨지만, 한 번도 엘리야에게 세세히 설명하라고 요구하지 않으시고, 엘리야가 하는 말에 동감하지도 않으셨다. 대신 하나님은 엘리야에게 그분의 모습을 더 많이 계시하시고 그에게 해야 할 일을 주셨다.

어떤 면에서 이 단계는 앞에서 말한 초점을 재조정하는 단계를 확장한 것이다. 하나님은 엘리야에게 바쁘게 해야 할 일을 주셨다. 엘리야는 하사엘에게 기름을 부어 아람 왕으로 삼고, 엘리사에게 기름을 부어 그의 사환이자 동역자로 삼아야 했다.

여기서 잠깐 읽는 것을 멈추고 우울증으로 인해 갖게 된 어떤 감정이 있다면 그것에 주목하라. 그후 물건을 하나 들고 면밀히 살펴보라. 이제 어떤 느낌이 드는가? 대부분의 사람들이 물건을 살펴보고 나면 기분이 좋아지는 것을 느낀다. 당신이 외부에 있는 어떤 것, 현재 당신이 느끼고 있는 감정이 아닌 다른 어떤 것에 초점을 맞추었기 때문이다.

우울증에 빠졌을 때는 현재 겪고 있는 증상을 제한하는 것이 중요하다. 증상을 부인하라는 뜻이 아니다. 그저 그 감정에 얼마나 오랫동안 초점을 맞출지 한계를 정하라는 뜻이다. 예를 들어 울고 싶다면 얼마나 오래 울지 시간을 정하라. 과거의 상처나 상실을 깊이 생각하게 되면, 앉아서 그 감정을 글로 쓰는 시간을 정하라. 그리고 다른 시간에는 그러한 감정에 질질 끌려 다니지 말라. 자신이 상처와 상실, 슬픔을 느끼도록 허락하는 것과 그런 감정에 짓눌리지 않도록 주의하는 것 사이에 균형을 잡는 것이 이 단계에서 말하는 증상을 제한하는 것이다.

고립의 패턴을 끊어라

우울증에 빠질 때마다 생기는 절망감은 우리를 고립감으로 몰아간다. 우리는 고통을 겪는 동안 우리를 보살펴주면서 옆에 있어줄 사람들과 관계를 단절해버린다. 세상이 우리를 대적하는 것 같다. 로뎀나무 아래에서 엘리야는 혼자였다. 사환은 브엘세바에 남겨두고 왔다. 우울증의 속성이 바로 그러하다. 우리는 고통을 짊어진 채 홀로 있기 원한다. 그러나 홀로 있는 것은 가장 위험한 일이다.

엘리야는 주님께 충성된 사람이 자기 하나밖에 남지 않았다고 생각했다. 스스로 고립되어 있는 엘리야에게 하나님은 엘리사에게 기름을 부어 선지자로 세우고 함께 지내라는 해결책을 주셨다. 엘리야가 엘리사에게 기름을 부었을 때, 엘리사는 부모에게 작별 인사를 하는 동안 기다려 달라고 부탁했다. 엘리야는 누군가와 함께 시간을 보내는 것에 여전히 저항하고 있었다. 혼자 움직이는 것을 더 편안하게 느꼈기에, 그는 엘리사에게 이렇게 말했다. "돌아가라 내가 네게 어떻게 행하였느냐"왕상 19:20. 그 말은 마치 "서두르지 말아라. 넌 나와 시간을 함께 보낼 필요가 없다."는 뜻과 같다. 그러나 엘리사는 엘리야와 함께 있기 원했기에, 제사를 드린 후 작별 인사를 하고 엘리야를 따라와 사환으로 섬겼다.

또한 하나님이 시내산에서 엘리야에게 따로 어떻게 하셨는지 주목하라. 하나님은 가르치기를 끝마치신 후에 덧붙이셨다. "그러나 내가 이스라엘 가운데에 7천 명을 남기리니 다 바알에게 무릎을 꿇지 아니하고 다 바알에게 입맞추지 아니한 자니라"18절. 하나님은 "엘리야야, 너는 혼자가 아니란다."라고 말씀하셨다.

우리도 마찬가지다. 흥미롭게도 외롭다고 말하는 사람들이 외로움을 타지 않는 사람들보다 연락할 사람들이 더 많다. 우리가 종종 외로운 이유는 혼자 무언가를 하고자 하기 때문이다. 우울증이 태도인 것처럼, 외로움도 태도다. 그것을 물리치는 길은 우리의 생각, 자기 대화에서 시작된다.

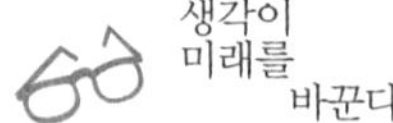

1 우울증 검사 결과를 살펴보라. 당신의 점수에 영향을 미친 요인들은 무엇인가?

2 당신이 가장 자주 사용하는 왜곡된 사고 패턴은 무엇인가? 당신의 왜곡된 사고 패턴이 감정에 어떤 영향을 미치는가?

3 우울증에서 벗어나기에서 당신이 가장 힘들었던 단계는 무엇이며 가장 쉬운 단계는 무엇인가? 그 이유는?

chapter 7

건강한 자아 되찾기

몇 년 전 여행을 하면서 남성들을 대상으로 세미나를 한 적이 있는데, 그중 한 사람은 식당 여종업원을 활용하는 데 일가견이 있었다. 식사가 끝나갈 무렵 종업원이 디저트 주문을 받으러 오자 그는 이렇게 말했다. "스크루플 있나요?" 대부분의 종업원들은 그것이 무엇인지 정확히 알지 못했다. 그래서 얼버무렸다. 그러자 그 남자는 요리사나 매니저에게 가서 확인해보라고 했다. 잠시 후에 그녀는 얼굴이 빨갛게 되어 희한한 얼굴로 돌아왔다. 그녀에게 시킨 것이 무엇인지 알았기 때문이었다. 주방에 있는 사람은 대개 스크루플(scruple, 약의 단위로 약 1.296그램에 해당하며, '양심의 가책'이라는 뜻도 있다-역주)이란 도덕적이거나 윤리적인 기준을 말하고 있음을 알고 있었다.

존 파웰John Powell은 《왜 사랑하기를 두려워하는가?*Why Am I Afraid to Love?*》에서 스크루플은 '날카로운 작은 돌'을 뜻하는 라틴어에서 파생된 것이라고 말한다. 그 작은 돌은 무게를 측정하는 도구로 사용되었으며 지금도 약사들이 사용하고 있다. 파웰은 양심의 가책을 죄책감과 연관시켜서 이렇게 말한다. "우연히 작은 조약돌이 신발 안쪽에 박히게 되면 걸을 때마다 간헐적으로 찌르는 듯한 통증을 느끼게 된다. 이렇듯 양심의 가책을 느끼는 사람은 자신이 상상한 죄로 인해 때때로 고뇌를 느낀다." 양심의 가책은 죄책감을 느끼게 만든다.

죄책감이란 어떤 것인가?

죄책감은 종종 분노와 우울증에 딸려오는 것으로, 항상 과거와 관련이 있다. 미래에 대해 죄책감을 느낄 수는 없다. 죄책감은 현재에서 멀어지게 하고 과거로 돌아가 과거를 바꾸려고 시도하게 만든다. 《자각의 구조 *Structure of Awareness*》를 저술한 토마스 오덴 Thomas Oden 박사는 이러한 현상을 다음과 같은 시간선으로 묘사한다.

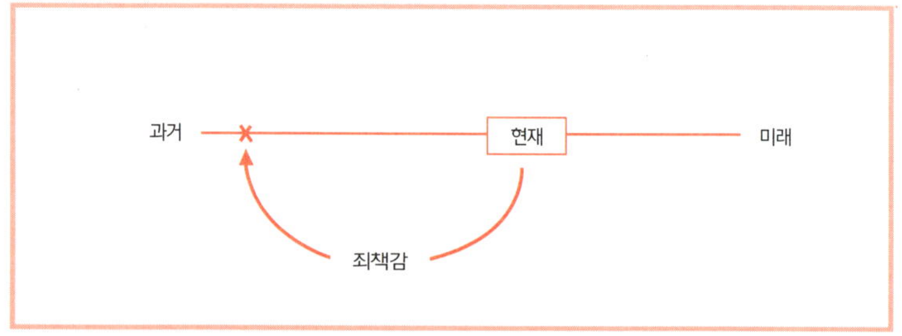

우리는 죄책감을 느끼지 않기 위해 과거를 바꾸려고 과거의 기억으로 되돌아간다. 신발에서 죄책감의 돌을 없애고 싶은 것이다. 그러나 경험은 분리할 수 없는 하나의 덩어리다. 자신의 경험에서 과거의 어떤 사건도 분리할 수 없다. 그래서 우리는 그 사건에 대한 기억을 재조정해서 더 나아 보이게 하려고 시도한다.

자기 대화 속에서 죄책감을 느끼는 능력을 우리가 어떻게 발달시켜왔는지 알아보기 위해 멀리까지 살펴볼 필요는 없다. 부모들은 죄책감을 가르쳐주기 명수다. 부모가 아이들의 엉덩이를 찰싹 때린다고 해서 죄책감을 느끼도록 가르치는 것은 아니다. 그러한 처벌은 죄책감을 느낄 필요를 효과적으로 없애준다. 대신에 상처는 받지만 말이다. 그러나 부모가 방 건너편에서 싸늘한 시선으로 바라보면서 "똑바로 하지 않으면 집에 가서 혼날 줄 알아!"라고 말하면 죄책감을 느끼게 된다.

배우자와 자녀들은 우리에게 죄책감을 심어줄 일을 계속한다. 교사들과 설교자들도 어떻게 죄책감을 자극할 수 있는지 잘 안다. 내가 초등학교 1학년 때 선생님은 늘 내 잠재력에 미치지 못하고 있다고 하셨다. 선생님의 목소리는 그것이 끔찍한 행동이라도 되는 것처럼 들렸기 때문에 나는 항상 죄책감을 느꼈다.

친구들, 고용주, 직장 동료 등 죄책감을 주는 대상을 열거하자면 끝이 없다. 마치 사람들은 다른 사람들에게 죄책감을 줄 목적으로 사는 것 같다.

이제는 자기 대화 때문에 문제가 복잡해진다. 우리는 죄책감을 주었던 경험을 떠올린다. 그리고는 자기 대화 속에서 갈등하고 있는 죄책감을 구체화시키는 또 다른 사건들을 떠올린다.

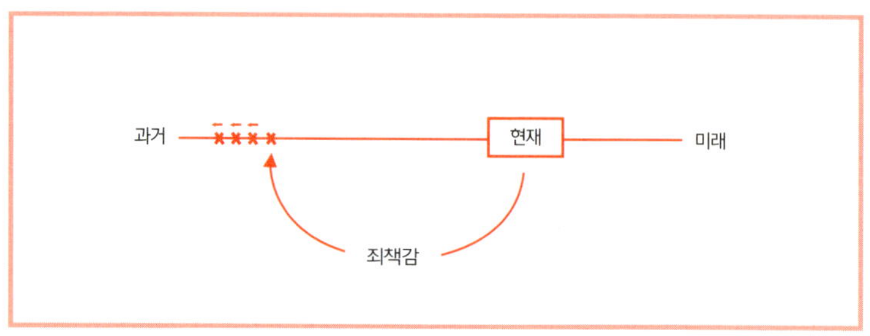

　　내 예를 들어보자. 선생님이 내게 잠재력에 미치지 못한다고 하셨을 때, 내 속의 자기 대화는 그 말에 동의해 증명하는 다른 사례들을 금세 떠올렸다. 성적이 그리 좋지 않으면 부모님은 바로 "넌 네 잠재력을 제대로 발휘하지 못하고 있어."라고 하셨다. 그러면 나는 죄책감을 느끼곤 했다. 속으로 자기 대화를 하던 나는 다른 시험 점수가 생각났고, 내 잠재력에 미치지 못했다는 말을 들은 또 다른 사건들도 생각났다. 나의 죄책감은 확인되었다. "잘못은 내게 있어!" 그러고 나면 자기 대화로 인해 내 신발 속에는 날카로운 돌이 또 하나 추가되었다.

　　분명히 잘못을 했을 때 느끼는 죄책감은 올바른 것이며, 그런 죄책감은 우리로 하여금 잘못을 고치게 한다. 이것이 바로 바울이 지적한 "하나님의 뜻대로 하는 근심"이다.

내가 지금 기뻐함은 너희로 근심하게 한 까닭이 아니요 도리어 너희
가 근심함으로 회개함에 이른 까닭이라 너희가 하나님의 뜻대로 근
심하게 된 것은 우리에게서 아무 해도 받지 않게 하려 함이라 하나님
의 뜻대로 하는 근심은 후회할 것이 없는 구원에 이르게 하는 회개를
이루는 것이요 세상 근심은 사망을 이루는 것이니라 고후 7:9-10

반면 이 장에서 우리가 다루는 죄책감은 신경증적 죄책감 혹은
거짓 죄책감이다. 이 죄책감은 우리로 하여금 현재에서 벗어나지
못하게 하고 과거에 묶이게 한다. 이 죄책감은 항상 '해야 한다' 또
는 '하지 말아야 한다'를 동반한다.

나는 그렇게 하지 말았어야 했어!
대신에 나는 이렇게 해야 했어!

그러면 어떻게 되는가? 더 많이 애쓰게 된다! 적어도 처음에는
그렇게 한다. 남편이 퇴근했는데 저녁밥이 준비되어 있지 않다고
화를 내서 죄책감이 들면, 당신은 남편의 기대에 맞추기 위해 더 애
쓰게 된다. 그러나 남편이 더 일찍 퇴근해버리면 또 다시 헛수고가
된다. 하지만 당신은 계속해서 애쓴다.

또는 남편에게 버럭 화를 내며 남편이 충족시켜주어야 할 기준
을 정하려고 애쓴다. "퇴근했을 때 저녁식사가 차려져 있기를 원하
면 매일 저녁 같은 시간에 퇴근하고 내가 제 시간에 저녁을 준비할

수 있게 집안일을 도와야 할 거예요. 그리고 또…"

그러나 죄책감으로 새 기준을 정할 때마다 죄책감을 느낄 이유가 더 많아진다. 더 애쓰면 애쓸수록 실패감만 더 커진다. 나는 그것이 바로 죄의 속성이라고 생각한다.

바울은 로마서 7장에서 이것과 씨름했다. 바울은 율법의 요구를 이루려고 애쓰고 또 애썼다. 그는 자신에게 새롭고 더 철저한 기준을 정했지만, 그의 모든 노력들은 좌절감만 가져다주고 죄책감만 늘어났다. 바울이 묘사하고 있는 경험은 당위의 횡포tyranny of should가 무엇인지 잘 말해주는 증거다!

바울의 씨름은 이렇게 요약할 수 있다. "내가 해야 할 것은 하지 않고, 하지 말아야 할 것을 하는구나! 오호라, 나는 곤고한 사람이다! 누가 이 패턴을 끊을 수 있을까?"

바울은 자신이 무엇을 원하는지 알고 있었지만 그렇게 하지 않았다. 그는 무엇을 하지 말아야 할지도 알았지만 자기도 모르게 그렇게 하고 있었다. 그결과, 그는 비참한 심정으로 우울해졌다! 바울은 죄책감을 불러일으키는 경험을 회상했다. 이 기억들은 또 다른 죄책감을 불러일으켰다. 그러자 이제 바울은 죄책감뿐만 아니라 스스로 설정해놓은 새 기준과 해야 한다는 요구사항을 갖게 되었다. 새 기준과 요구사항들은 그에게 죄책감만 새롭게 할 뿐이었다. 바꾸려고 애쓰면 애쓸수록, 새 기준을 충족시키려고 노력하면 할수록 죄책감만 커져갔다. 그가 낙담하게 된 것은 당연하다!

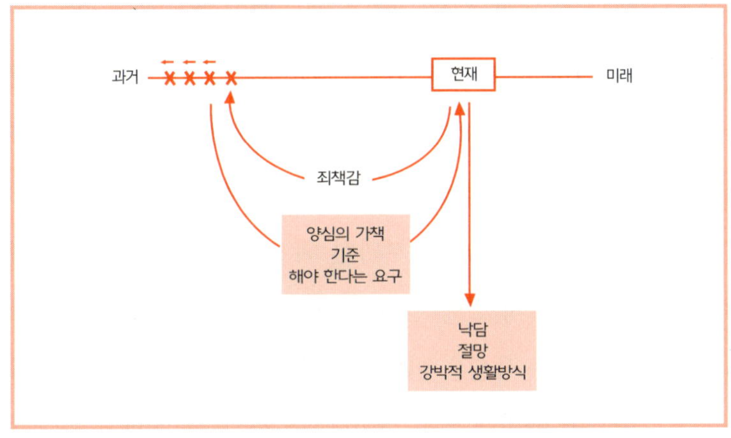

로마서 7장에서 고뇌한 바울의 해결책은 그 다음 장 첫구절에서 발견된다. "그러므로 이제 그리스도 예수 안에 있는 자에게는 결코 정죄함이 없나니"롬 8:1. 아무것도 바울을 정죄할 수 없다! 바울이 행한 것이나 행하지 않은 어떤 것도 그를 정죄할 수 없다. 그러므로 이제는 해야 한다는 어떤 요구사항도 없다!

바울이 배운 이 교훈은 고린도인들에게 보내는 첫번째 편지에 잘 나타나 있다. 그는 "모든 것이 내게 허용되어 있다."고 두 번이나 말했다고전 6:12. 바울의 삶에는 더 이상 해야 한다는 요구사항이 없었던 것이다. 그결과 바울은 원하는 것을 할 수 있게 되었다. 원하지 않는 것을 피할 수도 있게 되었다. 당신도 마찬가지다.

그러나 이 구절들이 단순히 무턱대고 아무것이나 허용하라는 말이 아님을 주목하라. "모든 것이 내게 가하나 다 유익한 것이 아니요 모든 것이 내게 가하나 내가 무엇에든지 얽매이지 아니하리라"고전 6:12. 10장 23절에서도 "모든 것이 가하나 모든 것이 덕을 세우는 것은 아니다"라고 덧붙였다. 그가 덧붙인 자격요건은 타당한 상식을 말하는 것이지 요구가 아니다. 여전히 요점은 똑같다. 모든 것이 가하다. 그러므로 스스로에게 요구하지 말라!

만일 우리가 스스로에게 부과한 해야 한다는 요구를 중단하지 않으면 둘 중 한 가지 일이 일어날 것이다. 해야 한다는 요구가 죄책감을 일으킨다는 사실은 이미 살펴보았다. 해야 한다의 또 다른 증상은 우울증에 빠지게 되는 것이다. 죄책감은 자신에게 분노하게 만들며 우울증을 일으키는 주된 원인 중 하나다.

우울증이 어떻게 생기는지 보자. 당신은 동료에게 승진한 이야기를 듣고 난 후 사무실에 혼자 앉아 있다. 당신은 자신에게 화가 나 있다. 마음속에는 이런 자기 대화가 들릴 것이다.

승진하려면 더 열심히 일해야 했어.

나도 저 친구 못지않게 일을 잘해. 회사는 더 심사숙고해야 했어.

끔찍하군. 난 이 회사에서 절대로 높은 자리를 얻지 못할 거야.

더 열심히 일해야만 해.

바쁘게 보이는 게 더 나아. 사장이 있으니까.

내가 얼마나 잘하는지 보여주고 말 거야.

한심하긴! 이런 일을 예상해야 했어. 이젠 어떻게 할 거야?

어쩌면 이력서를 쓰는 게 낫겠지.

제기랄, 집에나 일찍 가야겠다.

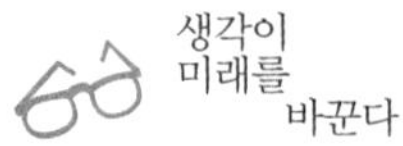

이러한 자기 대화에 빠져 있는 한, 당신은 무력하게 앉아 있거나 집에 갈 것이고, 자신에게 화가 나서 우울증에 빠질 것이다.

지기^{Ziggy}는 이 사실을 잘 알고 있었다. 어느 일요일 온 집안을 다니며 해야 한다는 말을 되풀이한 후, 지기는 편안한 의자에 눕는다. 그리고 "해야 한다는 생각을 멈춰야 해."라고 혼잣말을 한다. 그는 자신에게 해야 한다고 요구하는 것을 멈추기 전까지는, 죄책감과 해야 한다는 요구에 빠져 마비된 채 그 자리에 앉아 있을 것이다. 로마서 7장에서 바울이 그랬던 것처럼, 그도 절망을 느낄 때가 그리 멀지 않았다.

과거를 돌아보며 죄책감을 불러일으키는 사건을 바꿔보려고 아무리 애써도, 대개 자신을 향한 큰 분노만 대면하게 된다. 때로는 죄책감과 함께 자신과 다른 사람들, 하나님을 향한 분노까지 모두 뒤엉켜 있기도 한다. 엘리야가 갈멜산에서 바알의 선지자들과 대결했을 때 그같은 경험을 했다. 그는 바알의 선지자 450명과 앗세라의 선지자 400명을 불러 누가 참 하나님인지 밝혀내자고 도전했다. 열왕기상 18장을 보면 엘리야에게는 신나는 날이었다. 그는 마음껏 거짓 선지자들을 조롱했다. 그런 후에 엘리야에게 기회가 왔다. 그는 제단을 쌓고 그 위에 물을 붓고 짧고 단순한 기도를 드렸다. "이에 여호와의 불이 내려서 번제물과 나무와 돌과 흙을 태우고 또 도랑의 물을 핥은지라"^{38절}. 그후에 엘리야는 모든 거짓 선지자들을 죽이라고 명령했다. 얼마나 위대한 승리인가!

그러나 열왕기상 19장에서 이세벨이 엘리야에게 사신을 보내

그날 안으로 그를 죽이겠다는 말을 전했다. 그러자 엘리야는 두려움에 휩싸여 도망쳤다. 그는 절망으로 가득차 있었다. 아마도 마음 속에서 다음과 같은 자기 대화가 맴돌고 있었을 것이다. '거짓 선지자들을 대적하면서 왜 나는 이세벨을 생각하지 못했을까? 이세벨은 내 입에서 한마디도 못하게 만들 문젯거리인데 나는 그것을 간과했어. 이제 내가 빠진 궁지를 한번 보라고!'

그러고 나서 하나님께도 화가 났을지 모른다. "하나님, 이세벨은 하나님이 담당하셨어야죠. 제가 주님을 위해 한 일을 보시라고요!"

그리고는 하나님께 그런 식으로 말한 것 때문에 죄책감을 느꼈을 것이다. 이러한 죄책감, 분노, 자책이 모두 더해져 그는 완전히 절망에 빠져 죽기만을 소원했다.

요나의 경우도 마찬가지다. 그는 '니느웨로 가라'는 하나님의 명령에 불복한다. 그러다 큰 물고기 뱃속에서 3일 동안 숙고한 후 억지로 니느웨로 가서 하나님의 메시지를 전했다. 니느웨 왕은 메시지를 듣고 도시 전체에 회개할 것을 명령했다. 요나서 4장에서 "요나가 매우 싫어하고 성냈다"는 구절을 읽을 수 있다1절. 그의 분노는 이스라엘의 원수에게 회개의 메시지를 전하라고 명령하신 하나님께 대한 분노였다. 그러나 그는 죄책감과 스스로를 향한 분노와도 씨름했음이 틀림없다. 3절에서 그는 "여호와여 원하건대 이제 내 생명을 거두어 가소서 사는 것보다 죽는 것이 내게 나음이니이다"라고 간청한다.

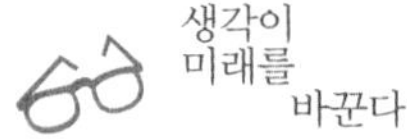

불쌍한 요나, 그는 자기연민에 흠뻑 빠져 있었다. 아마 그는 니느웨 사람들이 회개한 일로 하나님과 자신에게 화가 나 있었을 것이다. 고향으로 돌아가면 사람들에게 무슨 소리를 듣겠는가? 그는 하나님과 자신을 향한 해야 한다는 요구사항에 사로잡혀 있었다. 그결과는 절망뿐이었다.

거짓 죄책감은 우리로 하여금 과거를 뒤바꾸려는 시도를 하게 만들며, 수없이 많은 요구, 기준, 양심의 가책을 갖고 현재를 살아가도록 만든다. 이 사이클은 우울증과 절망을 불러일으키는 생활방식으로 이어진다. 그러한 패턴을 점검하지 않으면 질병과 죽음까지도 초래할 수 있다.

이제 죄책감과 분노에 대해 무언가 해야 한다는 느낌이 들 것이다. 그런 생각은 더 깊은 죄책감과 분노로 이어질 뿐이다. 당신이 해야 할 일은 그 사이클 전체를 깨뜨리는 것이다.

우선 당신이 느끼는 거짓 죄책감의 근원이 무엇인지 인식해야 한다. 그것은 바로 당신의 생각, 즉 자기 대화다. 죄책감과 분노의 근원이 당신의 자기 대화라면, 해결책도 바로 거기에 있다.

용서가 가져다주는 힘

다윗의 이야기는 죄책감과 자신을 향한 분노 문제를 해결하는 데 도움이 된다. 전투에서 물러나 무료해진 다윗은 밧세바와 간음을 범한다. 다윗은 다른 남자의 아내를 범했을 뿐만 아니라 살인까지 저질렀다. 그 사건이 있은 후 한동안 그는 스스로에 대한 분노와 죄책감을 조심스럽게 조절했다. 그러자 나단 선지자가 다윗의 마음속에 깊이 뿌리박혀 있던 죄책감과 분노를 꿰뚫는 비유를 들고 나타난다삼하 12:1-14.

다윗은 자신의 죄악을 직면한 후 쓴 시편 51편에서 죄책감을 어떻게 다루었는지 보여준다. 그는 문제의 핵심을 찔렀다. 바로 회개와 용서이다.

하나님이여 주의 인자를 따라 내게 은혜를 베푸시며 주의 많은 긍휼을 따라 내 죄악을 지워주소서 나의 죄악을 말갛게 씻으시며 나의 죄를 깨끗이 제하소서 1-2절

다윗이 경험한 죄책감에 주목하라.

무릇 나는 내 죄과를 아오니 내 죄가 항상 내 앞에 있나이다 내가 주께만 범죄하여 주의 목전에 악을 행하였사오니 3-4절

잠시 후 다윗은 이렇게 기도한다.

내게 즐겁고 기쁜 소리를 들려주시사 주께서 꺾으신 뼈들도 즐거워하게 하소서… 하나님이여 내 속에 정한 마음을 창조하시고 내 안에

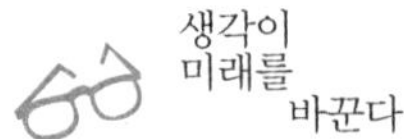

정직한 영을 새롭게 하소서 나를 주 앞에서 쫓아내지 마시며 주의 성령을 내게서 거두지 마소서 주의 구원의 즐거움을 내게 회복시켜주시고 자원하는 심령을 주사 나를 붙드소서 8절, 10-12절

다윗은 용서를 구했다. 오직 용서만이 더 깊어지는 죄책감을 해결할 수 있다. 진짜 죄책감이든 거짓 죄책감이든 용서가 회복을 준다.

하지만 우리에게는 좀더 애써야 한다고 생각하는 경향이 있다. "좀더 시간을 주면 내가 얼마나 좋은 사람인지 증명할 텐데!"라고 변명한다. 그러나 시간이 흐르고 애를 쓴다고 해서 그 사이클이 깨지는 것은 아니다.

예수님은 마태복음 18장 23-35절에서 이것을 비유로 설명하셨다. 베드로가 용서에 대해 묻자 예수님은 이렇게 말씀하셨다.

천국은 그 종들과 결산하려 하던 어떤 임금과 같으니 결산할 때에 만 달란트 빚진 자 하나를 데려오매 갚을 것이 없는지라 주인이 명하여 그 몸과 아내와 자식들과 모든 소유를 다 팔아 갚게 하라 하니 그 종이 엎드려 절하며 이르되 내게 참으소서 다 갚으리이다 하거늘 23-26절

얼마나 터무니없는 말인가! 종은 주인에게 100억원을 빚졌는데 조금만 시간을 더 달라고 간청한다. 그는 빚을 지고 있고 잘못은 그에게 있다. 그가 할 수 있는 건 애써볼 시간을 더 달라는 것이다.

그러자 "주인은 그 종을 불쌍히 여겨 그를 놓아주고 **빚을 없애주었다**"27절(우리말성경).

놀라운 일이다! 내가 만일 빚진 종이었다면 완전히 새 사람이 되었을 것이다! 그러나 탕감받은 종은 달랐다.

그 종이 나가서 자기에게 백 데나리온 빚진 동료 한 사람을 만나 붙들어 목을 잡고 이르되 빚을 갚으라 하매 28절

그 종은 주인보다 더 높은 기준을 갖고 있었던 것이다!

그 동료가 엎드려 간구하여 이르되 나에게 참아주소서 갚으리이다 하되 29절

이제 당신은 그 종의 머리에 경고등이 켜졌을 것이라고 생각할 것이다. 자기가 방금 전 주인에게 똑같은 말을 한 것이 떠올랐을 테니 말이다. 그러나 종은 자기 기준을 들이댔다. 빚을 졌으면 갚아야 한다고 다그쳤다. 주인이 어떻게 했는지는 문제되지 않았다. 그렇게 '해야 하는 것'만 생각했다!

허락하지 아니하고 이에 가서 그가 빚을 갚도록 옥에 가두거늘 그 동료들이 그것을 보고 몹시 딱하게 여겨 주인에게 가서 그 일을 다 알리니 이에 주인이 그를 불러다가 말하되 악한 종아 네가 빌기에 내가

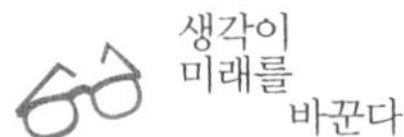

네 빚을 전부 탕감하여주었거늘 내가 너를 불쌍히 여김과 같이 너도
네 동료를 불쌍히 여김이 마땅하지 아니하냐 하고 주인이 노하여 그
빚을 다 갚도록 그를 옥졸들에게 넘기니라 30-34절

주인이 종에게 한 말은 다음과 같다고 생각한다. "내가 무엇
때문에 너를 용서했는지 이해하지 못하겠느냐? 그 용서가 얼마나
큰 것인지 느끼지 못하겠느냐?" 아직도 큰 빚을 지고 있는 사람처
럼 행동한 종은 분명 용서가 무엇인지 깨닫지 못했다. 그는 여전히
100억원의 빚을 급히 갚아야 하는 사람처럼 행동하고 있었다. 그것
은 마치 거짓 죄책감을 지닌 채 사는 것과 같다. 우리는 이미 용서
받았다. 빚은 이미 없어졌다!

예수님은 다음과 같은 훈계로 비유를 마무리하셨다. "너희가
각각 마음으로부터 형제를 용서하지 아니하면 나의 하늘 아버지께
서도 너희에게 이와 같이 하시리라"35절. 이 구절에 우리 자신을 용
서할 필요성을 추가할 수 있다.

최근에 내 사무실에 찾아와 "전 자신을 용서할 수 없습니다.
잊을 수가 없으니까요!"라고 말한 남자가 있었다. 그는 과거로 연
결되는 끈을 끊어버릴 수 없었다. 용서만 할 수 있을 뿐이었다. 그
남자의 자기 대화는 그의 문제가 무엇인지를 결정한다. 그는 잊을
수 없어서 용서할 수 없다고 믿기 때문에 용서를 경험하지 못하고
있었다. 만일 그가 자기 대화를 바꾸어서 "잊을 수는 없지만, 용서
할 수는 있어."라고 말한다면 얼마나 많은 차이를 만들어내겠는가!

자기 대화는 우리를 참소하는 것이 될 수도 있지만, 다윗이 시편 103편에서 그랬던 것처럼 용서 속에서 영광스러운 것이 될 수도 있다. 당신의 생각이 죄책감과 분노로 거칠게 달리도록 내버려둘 수도 있지만, 모든 생각을 사로잡아 용서의 그늘 아래 들어오게 할 수도 있다. 해야 한다는 요구, 절망적인 기준, 작고 날카로운 돌들을 제거하라. 그 빈 자리에 용서가 자리잡게 하라. 용서만이 죄책감과 분노의 빚을 청산할 수 있다.

용서하는 힘을 가로막는 자기 대화는 어떤 것인가? "더 많이 애써라!"라는 자기 대화가 들려오는 곳은 어디인가? 그러한 말들을 열거해보고, 굵은 검정색 펜으로 그 위에 "용서되었음!"이라고 써라.

1 당신에게 죄책감을 가르쳐준 사람은 누구인가?

2 더 많이 애씀으로써 죄책감을 해결하려고 노력했던 상황을 떠올려보고, 어떤 일이 일어났는지 묘사해보라.

3 용서하고 용서받는 데 어려움을 느끼는 영역은 무엇인가?

chapter 8

파워풀한 미래 만들기

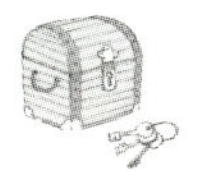

당신이 걱정하는 것은 무엇인가? 돈, 자녀, 부모, 건강, 미래? 때때로 걱정거리도 아닌 것을 걱정하는 때가 있는가? 혹 모든 걱정거리를 옆사람에게 떠넘기는 사람은 아닌가?

어떤 이들은 걱정을 '하는 일 없이 조바심내는 것'이라고 정의한다. 정말 좋은 정의다. 걱정은 미래에 관한 것이기 때문에 걱정거리에 대해 우리가 할 수 있는 일은 없기 때문이다. 게다가 우리의 걱정들 대부분이 통제할 수 없거나 일어나지 않은 일이다.

걱정하는 일들이 대개는 일어나지 않기 때문에, 우리는 걱정했기 때문에 그런 일이 일어나지 않았다는 비합리적인 생각을 하는 경향이 있다. 그런 경향은 앞으로 무슨 일이 일어날지도 모른다는 두려움만 부추길 뿐이다. 두려움은 걱정하는 것을 중단하려고 할 때 특히 강해진다. 사실은 걱정하지 않아도 되는 상황이 생길까봐 미리 걱정하는 것이다.

헛된 믿음의 고리 끊기

걱정은 우리를 마비시킨다. 걱정이 지속되면 무기력감과 좌절감을 느낀다. 사전에서 '걱정'을 찾아보니 '목 조르다, 질식시키다'라는 뜻을 가진 고대 영어에서 파생된 단어였다. 걱정할 때 우리는 삶 속에 잠재되어 있는 어떤 창조적 에너지도 흐르지 못하도록 스스로의 감정을 옥죄고 질식시킨다.

'불안'은 특정 대상이 없다는 것을 제외하고는 걱정과 구분이 어렵다. 예를 들어 〈피너츠*Peanuts*〉라는 연재만화에서 라이너스가 마치 길을 잃은 것처럼 돌아다니는 광경이 가끔 나온다. 그는 멍한 얼굴로 이곳저곳 방황하다가, 갑자기 왜 불안해하는지 깨닫게 된다. 담요를 잃어버린 것이다! 그 사실을 깨닫자, 불안은 걱정으로 바뀐다. 이제는 두려워할 이유가 생긴 것이다. 그는 담요를 되찾을 때까지 담요가 겪게 될 운명을 걱정한다.

여러 가지 걱정이 있을 때는 걱정과 순수한 관심을 구분하기가 어렵다. 종종 우리는 걱정하는 경향을 일종의 관심으로 변명한다. 자녀들에게 너무나 관심이 많아서 그들에 대해 걱정하는 것이 자연스럽다. 돌봄과 관심이 걱정과 불안으로 바뀌기는 아주 쉽다. 그러나 경계선을 구분하기는 종종 매우 어렵다. 관심은 행동하도록 동기를 부여하는 감정으로 정의할 수 있다. 반면 걱정은 우리를 마비시키는 감정이다. 관심은 통제할 수 있는 행동과 사건에 초점을 맞추지만, 걱정은 통제권을 벗어난 행동과 사건에 초점을 맞춘다.

또한 걱정은 미래를 통제하려는 시도다. 죄책감이 과거를 바꾸려는 시도라면, 걱정은 우리가 원하는 대로 미래를 만들기 위해 하나님 노릇을 하며 밀어붙이는 태도다. 물론 과거를 바꿀 수 없듯이 미래를 통제하는 것은 불가능하다. 그러나 우리는 고집을 꺾지 않는다.

앞장에서 시간선을 그려 죄책감이 과거와 어떻게 연결되어 있으며 미래에 어떻게 영향을 미치는지 살펴보았다. 이제 걱정과 불안이 미래에 어떻게 연결되는지 살펴보도록 하자.

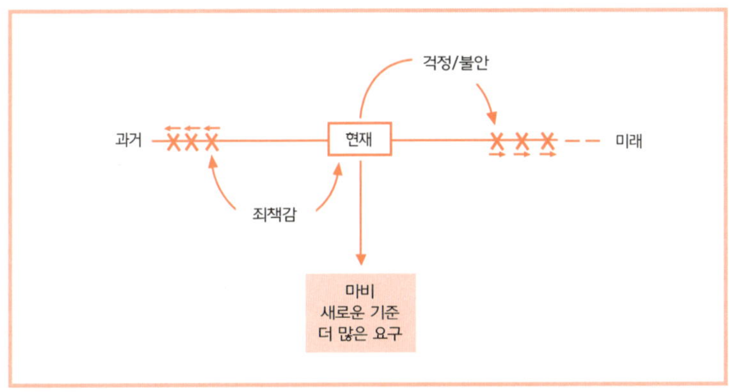

물론 우리의 감정이 혼란스러울 때가 가끔 있다. 걱정이 과거에 일어난 사건에 얽매여 있는 경우도 있다. 미래에 일어날지도 모르는 사건에 대해 죄책감을 느끼기도 한다. 이러한 혼란의 결과 불안이 생긴다. 확실히 구분되지 않는 두려움이 생기는 것이다. 자신의 감정을 정확히 구분하지 못하고 적절한 시기에 적절한 감정을 연결시키지 못하면 불안이 증폭된다.

　죄책감을 다룬 장에서 통제력을 잃었다는 느낌을 받으면 더 높은 수준의 행동기준을 만들어낸다는 사실을 살펴보았다. 우리는 더 예민해져서 해야 한다는 요구목록을 더 늘린다. 그런 후 이 생각들을 미래에까지 확장시켜 기준, 양심의 가책, 요구사항을 어기게 될지도 모르는 상황까지 걱정한다. 우리는 과거와 미래에 완전히 사로잡혀 현재가 마비된 상태로 끝난다.

　예를 들어 당신이 직장을 구하는 일로 걱정하고 있다고 하자.

만일 직장을 구하지 못하면 어떡하지?
만일 저축한 돈을 다 써버리면 어떡하지?
직장을 구할 만한 뭔가를 찾아야 해.
내가 실직을 하다니 불공평해!
나는 지금쯤 일하고 있어야 하는데.

　걱정에 가득찬 자기 대화는 직장을 구해야 할 필요를 절대적인 것으로 부각시킨다. "난 '반드시' 직장을 구해야 해!" 당신은 어떤 다른 대안도 받아들이지 않을 것이다! 걱정에 너무나 몰두한 나머지 현재에 사로잡힌 채 끝맺게 된다. 집에서 나와 직장을 구할 힘은 거의 남아 있지 않다. 어쩌면 돈이 충분하지 못해 걱정할지도 모른다.

만일 청구서를 다 지불하지 못하면 어떡하지?

아파서 일을 하지 못하면 어떡하지?

물가가 끔찍하게 올랐어! 내 돈을 다 잡아먹고 말 거야!

저축을 하려면 월급이 더 많은 일을 해야 해!

갑자기 급한 일이 생기면 어떡하지?

집세가 올라가면 어떡하지? 내가 감당할 수 있을까?

이러한 생각을 통해 당신은 특정 방식으로 규정된 재정 업무를 갖고 있어야 한다는 요구를 절대적인 것으로 바꾸어버렸다. 기준을 절대화함으로써 자신에게 걱정거리가 있다는 확신을 갖게 한 것이다. 그 과정에서 선택을 제한하는 사고방식에 자신을 가두었다. 선택을 제한시킴으로써 당신은 무력해져버렸다. 걱정하느라 너무 바빠서 창조적인 계획을 짜지 못하는 것이다.

때때로 우리의 걱정과 불안은 강박행동과 공포증으로 발전한다. 병균이 손에 묻어서 아프기라도 하면 어떡하지? 그래서 강박적으로 손을 씻는다. 만일 고층빌딩 옥상에 서 있는데 나를 날려보낼 만한 강한 바람이 불어오면 어떻하지? 그래서 고소공포증이 생긴다. 집에서 나갈 때 누군가가 공격하면 어떻하지? 그래서 바깥을 두려워하는 광장공포증이 생긴다. 예를 들자면 끝이 없다. 항상 결과는 같다. 현재에 아무것도 하지 못한다.

미래에 일어날까봐 걱정하는 일들을 절대적인 것으로 여길 때, 자신이 의지하는 대상이 참으로 무엇인지 알게 된다. 만일 직장에 대해 걱정한다면, 미래에 믿고 의지할 중요한 대상이 직장이라고 말하는 셈이다. 직장이 미래를 지켜줄 것이라고 믿고 있는 것이다. 돈에 대해 걱정한다면 미래에 대한 믿음을 돈에 두고 있는 셈이다. 고층빌딩 옥상에 올라가는 것을 걱정한다면, 자신의 미래가 고층빌딩을 피하는 능력에 달려 있다고 말하는 것이다. **우리가 절대적인 것으로 여기는 것이 우리가 의지하는 대상이다.**

하지만 얼마나 좋은 직장을 가져야 하는가? 안심하기 위해 얼마나 많은 돈이 은행에 있어야 하는가? 여전히 안전하다고 느끼려면 건물 몇 층까지 올라가면 될까? 뭐가 문제인지 알겠는가? 당신은 상대적 가치를 믿고 의지하고 있다! 돈은 아무리 가져도 결코 충분하지 않을 것이다. 더 나은 직장을 찾을 가능성은 항상 있다. 자신이 충분히 건강한지도 결코 확신하지 못할 것이다. 이러한 것들은 모두 변하기 쉬운 대상들이다. 절대로 우리에게 만족을 줄 만큼 견고하지 않다.

전적인 사랑의 회복

우리를 마비시키는 걱정과 불안의 사이클을 깨뜨리는 비결은 의지할 만한 견고한 대상을 찾는 것이다. 내게 있어 의지할 만한 유일한 존재는 하나님 한분뿐이시다. 예수님은 걱정과 불안의 패턴을 해결하고자 할 때 분명히 선택해야 할 것을 가르쳐주셨다. "한 사람이

두 주인을 섬기지 못할 것이니 혹 이를 미워하고 저를 사랑하거나 혹 이를 중히 여기고 저를 경히 여김이라 너희가 하나님과 재물을 겸하여 섬기지 못하느니라"마 6:24. 미래에 대해 하나님을 신뢰하면서 동시에 돈, 건강, 직장 등을 걱정하는 것은 있을 수 없다. 예수님은 계속해서 말씀하신다.

> 그러므로 내가 너희에게 이르노니 목숨을 위하여 무엇을 먹을까 무엇을 마실까 몸을 위하여 무엇을 입을까 염려하지 말라 목숨이 음식보다 중하지 아니하며 몸이 의복보다 중하지 아니하냐 공중의 새를 보라 심지도 않고 거두지도 않고 창고에 모아들이지도 아니하되 너희 하늘 아버지께서 기르시나니 너희는 이것들보다 귀하지 아니하냐 너희 중에 누가 염려함으로 그 키를 한 자라도 더할 수 있겠느냐 마 6:25-27

아무도 키를 자라게 할 수 없다. 그러나 여전히 걱정하고 불안해하느라 시간을 허비한다. 삶을 오히려 단축하고 있다.

> 또 너희가 어찌 의복을 위하여 염려하느냐 들의 백합화가 어떻게 자라는가 생각하여보라 수고도 아니하고 길쌈도 아니하느니라 그러나 내가 너희에게 말하노니 솔로몬의 모든 영광으로도 입은 것이 이 꽃 하나만 같지 못하였느니라 오늘 있다가 내일 아궁이에 던져지는 들풀도 하나님이 이렇게 입히시거든 하물며 너희일까 보냐 믿음이 작

은 자들아 그러므로 염려하여 이르기를 무엇을 먹을까 무엇을 마실까 무엇을 입을까 하지 말라 마 6:28-31

그러므로 미래에 대해 염려하거나 불안해하지 말라! 나는 돈에 대해 염려하곤 했다. 하나님은 항상 하루 늦게, 1달러 부족하게 주신다고 믿고 있었다. 그것은 내 속의 자기 대화였다. 돈이 필요할 때면 나는 하나님께서 필요를 채워주실 것이라고 믿으려고 애썼다. 그러나 걱정을 통해 돈을 높게 여겼기 때문에 하나님을 상자 속에 가두었다. 만일 내가 구한 대로 하나님이 채워주셨다면 나는 그분을 신뢰할 수 있었을 것이다. 그러나 하나님이 하루 늦게 응답하시거나 1달러 모자라게 채워주셨을 때는 그분을 신뢰할 수 없었다. 그분이 나를 실망시키신 것이다! 그리하여 나는 돈에 대한 필요와 하나님에 대한 사랑을 두고 둘로 나뉘어졌다. 그 경험을 통해 두 주인을 섬기고 있다는 예수님의 말씀을 입증한 것이다. 그렇게 되어서는 안 되는 일이었다.

하나님이 내가 신뢰해야 할 대상이라면 응답이 하루 늦은 것 같고 1달러 부족한 것 같아도 그분에게 분노하지 않겠노라고 자기 대화를 바꾸었을 때 드디어 걱정에서 벗어나기 시작했다. 하루 늦게 돈이 들어와도 나는 여전히 그분을 신뢰할 수 있다. 나는 걱정의 덫에 빠져 있을 필요가 없다. 전쟁터는 여전히 내 생각, 자기 대화 속에 있기 때문이다.

미래와 관련해 신뢰할 오직 한분은 하나님이시다. "우리가 신

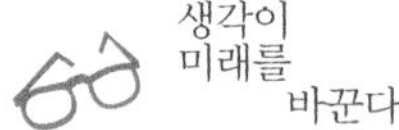

실하지 못할지라도 그분은 언제나 신실하시다. 그분은 자신을 부인하실 수 없기 때문이다"_{딤후 2:13(우리말성경)}. 비록 우리가 걱정할지라도 하나님은 우리에게 여전히 신실하시다. 우리가 하나님께 등을 돌리려고 해도 그분은 여전히 우리에게 신실하시다. 왜냐하면 하나님은 그분의 본성을 부인하실 수 없기 때문이다.

걱정은 미래에 손을 뻗어 미래를 통제하려는 시도다. 우리는 돈에 대해 충분히 걱정하면 돈을 충분히 갖게 될 것이라고 믿으며 돈에 대해 걱정한다. 자녀들에 대해서도 걱정하는 것이 돌보는 것이라고 믿으며 충분히 걱정하면 자녀들의 미래에 손을 뻗어 그들의 미래를 보호할 수 있을 것이라고 생각한다. 우리는 하나님 노릇을 하려고 애쓰고 있다. 그러나 신뢰할 수 있는 분은 오직 하나님뿐이시다. 하나님을 신뢰할 때 걱정과 불안의 패턴이 깨질 것이다.

역사상 걱정이 많은 사람 중 한 명이 아브라함이다. 그는 말년에 위대한 믿음의 인물로 알려졌다(그는 믿음의 조상으로 불린다). 그가 어떻게 염려의 패턴을 끊고 신뢰하는 법을 배웠는지 알아보자.

성경에 소개된 지 얼마 되지 않아 아브라함은 새로운 나라로 가게 되었는데, 그는 아내 사라 때문에 걱정하기 시작했다. 사라는 70세 정도였는데 아브라함이 "애굽 사람이 그대를 볼 때에 이르기를 이는 그의 아내라 하여 나는 죽이고 그대는 살리리니"_{창 12:12} 라고 말한 것을 볼 때 꽤 아름다운 여인이었음을 짐작할 수 있다. 아브라함은 "혹시…"라는 자기 대화에 완전히 사로잡혀 있었다. 그는 애굽 사람들이 자신을 죽일지도 모른다고 걱정했다. 물론 그것은 비극이겠지만, 그의 믿음은 어디로 갔는가? 문제를 피하려는 계획을 세우는 것으로 보아 그는 분명 자신을 믿고 있었다. 그를 통해 큰 나라를 이루게 하겠다고 이미 약속하신 하나님을 믿을 수 있었지만, 그는 자신의 힘을 믿기로 선택했다.

아브라함은 사라를 누이라고 말하기로 계획한다. 그렇게 하면 둘다 살 수 있을 것이라고 생각한 것이다. 하지만 바로는 아브라함에게 온갖 선물을 주고 사라에게 구애했다. 그결과 바로의 온 집안이 질병으로 괴롭힘당했고, 바로는 이것을 하나님의 경고로 받아들였다. 그는 아브라함을 불러 나무랐다. "네가 어찌하여 나에게 이렇게 행하였느냐 네가 어찌하여 그를 네 아내라고 내게 말하지 아니하였느냐"18절. 그리고 아브라함과 아내 사라를 안전하게 돌려 보낸다.

아브라함은 그랄 왕에게도 똑같이 할 정도로 걱정이 많은 사람이었다창 20장. 이번에는 왕이 꿈에서 경고를 받는데, 이번에도 아브라함은 걱정 때문에 더 많은 문제를 일으킨다. 그는 생명의 위협을 받는 상황에서는 하나님의 고결성과 능력을 전적으로 신뢰하지 못했다. 다른 영역에서는 믿음과 신뢰가 견고했는데 말이다.

마침내 하나님이 걱정 많은 그와 직면하셨다. 하나님은 아브라함에게 외아들 이삭을 제물로 바치라고 명령하신다. 그가 하나님의 놀라운 요구에 순종한 것으로 볼 때, 그는 분명 하나님을 더 많이 신뢰하는 법을 배운 것 같다. 어떤 이유에서인지 하나님은 아브라함에게 모리아 땅에 있는 산에서 이삭을 바치라고 하셨다. 그곳까

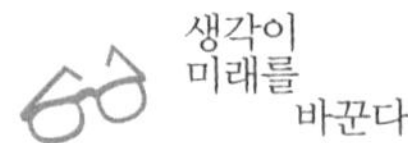

지는 3일이 꼬박 걸리는 여행이었다. 그 여행에서 아브라함이 겪었을 걱정과 불안을 상상할 수 있겠는가? 그 3일 동안 어떤 자기 대화를 했을까?

창세기는 그 여행에 대해 알려주고 있지 않다. 그러나 아마도 매우 조용한 여행이었을 것이다. 침묵 속에서 아브라함은 하나님과의 경험, 이삭과의 경험을 떠올렸을 것이다. 이제는 선택을 앞에 두고 있다. 누구를(무엇을) 신뢰할 것인가? 아브라함은 이번에는 말을 삼갔다. 그는 하나님의 명령에 떨면서 생각을 정리했다.

지정된 장소에 도착할 즈음 그는 자기 대화를 처리했고, 그 과정에서 걱정 많은 사람이 아니라 믿음의 사람이 되었다. 모리아 땅에 도착하자 아브라함은 같이 간 사람들에게 기다리라고 말했다. "너희는 나귀와 함께 여기서 기다리라 내가 아이와 함께 저기 가서 예배하고 우리가 너희에게로 돌아오리라"창 22:5. 그는 걱정하고 있는 것처럼 보이지 않는다.

잠시 후에 '제물로 쓸 양이 어디 있느냐' 고 이삭이 묻자 아브라함은 이렇게 대답한다. "내 아들아 번제할 어린 양은 하나님이 자기를 위하여 친히 준비하시리라"8절. 그것은 걱정의 말이 아니라 믿음의 말이었다. 아브라함에게 무언가 변화가 일어났다. 그 변화는 그의 자기 대화, 즉 그의 말과 생각에서 일어난 것이었다. 걱정 많던 아브라함이 변화되어 믿음의 조상이 된 것이다. 당신이 걱정 많은 사람이라면 어떻게 아브라함처럼 될 수 있을까? 걱정과 불안의 사이클을 깨뜨리는 실제적 4단계가 있다.

변화되기로 결정하라　　당신의 태도, 행동, 자기 대화를 바꾸겠다는 의식적 선택을 하라. 걱정을 그만두겠다고 결정하지 말라. 그것은 잘못된 것에 초점을 맞추는 것이다. 변화되기로 결정하고 그 선택을 계속하겠다고 결정하라. 당신에게는 그렇게 할 힘이 있다. 변화는 생각을 통제하는 힘을 가질 때 가능하기 때문이다.

말에 주의하라　　아내와 나는 걱정거리에 대해 이야기할 때 서로에게 주는 작은 신호가 있다. 우리는 "말에 주의하세요."라고 말한다. 말은 생각과 자기 대화의 거울이다.

때때로 우리는 걱정과 불안의 배후에 있는 신념체계를 추적해야 한다. 걱정과 연결된 신념체계는 드러나지 않게 작동하는 경우가 많기 때문에 그것을 찾으려면 도움이 필요하다. 그러나 우리가 절대시하고 있는 것_(침범당할까봐 두려워하는 대상이나 원칙)이 무엇인지 찾으면 근원에 가까워진 것이다. 그런 다음에는 자신이 걱정하고 있는 상황이 실제로 우리의 통제력을 넘어선 위험인지 살펴보아야 한다. 실제로 그런 위험이 없다면, 우리는 그 생각을 공격해 걱정으로 절대화시킨 것을 제거해야 한다.

의심과 걱정의 말을 버리고 믿음과 신뢰의 말을 하라　　직장 문제로 걱정한다면, 그 걱정에 붙어 있는 절대적 생각을 무너뜨리고 믿음과 신뢰의 생각과 말로 바꾸어야 한다. 돈이 충분하지 못해 걱정이라면, 먼저 돈이 더 있어야 한다는 요구를 무너뜨리고 그

자리에 믿음과 신뢰의 말과 생각을 바꾸어 넣어야 한다.

때때로 나는 클라이언트들에게 손목에 느슨한 고무줄을 차라고 권한다. 그런 후 걱정이 생길 때마다 고무줄을 당겨서 손목에 튕기라고 한다(한 젊은 여성은 사고 패턴을 중단하고 싶은 마음이 너무 컸던 나머지 고무줄을 있는 힘껏 당겨서 튕겼다. 다음주에 그녀는 다른 쪽 손목에 고무줄을 하고 왔다! 피를 흘릴 필요는 없다. 단지 살짝 튕겨주면 된다).

이 기법을 사용해 마음속으로 "중지!"라고 말하라. 혼자 있을 때는 크게 소리내어 외쳐도 된다. 그러고 난 후 걱정이 있던 자리에 그것과 대조되는 긍정적 생각이나 성경의 약속을 대신 채워라.

예를 들어 청구서를 지불할 돈이 충분할지 걱정된다면, 걱정이 시작되는 순간에 고무줄을 튕기며 "중지!"라고 말하고, "나의 하나님이 그리스도 예수 안에서 영광 가운데 그 풍성한 대로 너희 모든 쓸 것을 채우시리라"빌 4:19는 성경구절을 반복해서 말하라. 자녀들에게 어떤 끔찍한 일이 일어날까봐 염려된다면, 걱정이 시작되는 순간에 고무줄을 튕기며 "중지!"라고 말하고, "그는 흉한 소문을 두려워하지 아니함이여 여호와를 의뢰하고 그의 마음을 굳게 정하였도다"시 112:7라는 약속을 말하라. 하나님의 약속은 자기 대화를 조절할 능력을 준다.

믿음과 신뢰의 말이 '마치' 사실이 된 듯 살아라　　알다시피 당신에게는 선택권이 있다. '마치as if' 믿음대로 된 듯이 살 수도 있고, '혹시what if' 걱정대로 되면 어떡하나 하는 마음으로 살 수도 있다. '혹시' 하는 태도는 걱정과 불안 속에 빠뜨리지만, '마치' 믿음대로 된 듯 사는 태도는 믿음과 신뢰 속에 들어가게 한다.

어떤 사람들은 그렇게 하는 것은 거짓이라고 말할지도 모른다. 하지만 결코 그렇지 않다. 그것은 믿음이다. "믿음은 바라는 것들의 실상이요 보이지 않는 것들의 증거"다히 11:1. 증거가 어디에 있느냐고 물을지도 모른다. 신실하신 하나님을 믿는 믿음이 우리의 증거다. 그렇지 않으면 보이지 않는 또 다른 어떤 것을 대신 의지하게 된다. 미래를 통제하기 위해 우리 자신의 힘을 믿는 것이다.

우리가 지키기에는 참으로 큰 주문이 아닌가? 그러나 한 방향으로 걸음마를 시작하라. 걱정과 불안을 느끼는 영역을 택해 '혹시' 하는 자기 대화를 '마치' 그렇게 된 듯하는 믿음과 신뢰의 자기 대화로 바꾸어보라. 걱정은 쉽게 물러서지 않을 것이다. 걱정과 두려움을 부추기는 옛날 사고 패턴으로 금세 돌아갈 수도 있다. 그러나 옛 패턴은 더 이상 당신의 삶을 지배하지 못한다. 당신은 어떻게 하면 미래와 그에 대한 두려움을 내려놓을 수 있는지, 걱정과 불안을 중단할 수 있을지 알고 있다.

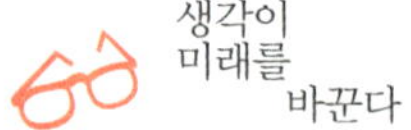

1 가족 중에 걱정이 가장 많은 사람은 누구인가? 어떻게 염려
하는지 묘사해보라.

____

____

____

2 당신이 자주 하는 걱정 어린 말은 어떤 것인가?

____

____

____

3 '혹시' 걱정대로 되면 어떡하나 하는 태도를 '마치' 믿음대
로 된 듯한 태도로 바꾸면 이번주에 당신의 삶에 어떤 변화
가 일어날까?

____

____

____

chapter 9

하나님의 평화 누리기

현대의 핵심 단어는 '스트레스'다. 스트레스는 나이와 성별에 상관없이 누구에게나 찾아오는 흔한 증상이다. 비록 잘 조절하고 있다고 느낄 때에도 어느 순간 균형을 잃어버릴 수 있다.

변화를 요구하는 세상

베일러대학교 연구에 따르면, 스트레스는 그 자체만으로도 건강한 심장에 문제를 일으킬 수 있다고 한다. 몇 년 동안 분노와 원망을 품고 있는 일이 없다 해도 심장에 무리가 생길 수 있다. 연구팀은 두 집단의 돼지 중 한 집단에게만 일정 기간 스트레스를 주었다. 그런 후 양쪽 집단 모두 관상동맥을 막았다. 그러자 몇 분 안 되어 스트레스를 받았던 돼지들만 죽어버렸다. 그 연구논문에는 죽음을 초래하는 심장발작의 원인에 심리적 요인을 빼놓을 수 없다고 덧붙여졌다. 바로 스트레스가 문제였던 것이다. 스트레스는 우리가 무엇을 어떻게 생각하고 있느냐에 따라 생긴다.

한스 젤리에Hans Selye 박사의 정의에 따르면, 스트레스는 '심신이 소모된 정도'를 뜻한다. 때때로 우리 안에서 일어나는 스트레스 반응이 너무 억제되어 스트레스가 있는 것조차도 모를 때가 있다. 몸에 병균이 침입하는 것과 비슷하다. 가장 흔한 형태의 스트레스는 소음, 대기오염, 높은 인구밀도, 마감압박, 경쟁과 같은 환경에서 발견된다. 사실 스트레스는 '한 사람에게 적응이나 변화를 요구하는 삶의 사건이나 환경'으로 정의할 수 있다.

신체는 경고반응을 통해 스트레스에 대처하기 시작한다. 방어체계를 작동시키고 위험에 대항해 스스로를 보호하기 위해 온몸에 변화가 일어난다. 이 반응의 중심에는 두 개의 작은 아드레날린 분비선이 있다. 뇌하수체에서 신호를 보내면 부신에서 두 종류의 호르몬 중 하나를 분비한다. 한 가지는 급성 스트레스가 발생할 때 분비되고, 다른 하나는 만성 스트레스가 발생할 때 분비된다. 이 호르몬들은 체액의 양과 분포를 조절하도록 도와주며, 혈압을 유지하고, 에너지를 보존하고, 감염에 대해 신체가 대응하도록 돕고, 신체 전반에 걸쳐 다른 호르몬들이 효과적으로 작용하게 한다. 부신은 다른 분비선과 신경체계의 도움을 받는다.

이것이 스트레스의 신체적 측면을 간단하게 묘사한 것이다. 신

체의 방어체계를 작동시키는 개개인의 능력에 따라 신체적 결과는 좋을 수도 있고 나쁠 수도 있다. 모든 스트레스가 나쁜 것은 아니다. 젤리에 박사가 정의한 것처럼, 스트레스는 변화되거나 변화에 적응하도록 요구하는 요소를 갖고 있다. 스트레스 인자는 긍정적일 수도 부정적일 수도 있다. 이는 워싱턴 의과대학 홈즈^{T. H. Holmes} 박사와 레이^{R. H. Rahe} 박사의 논문으로 발표되었다. 그들은 신체질병이 발병한 것과 연관이 있어 보이는 전환적인 인생 사건들의 목록을 작성했다. 그리고 질병과 장애의 징후를 놀라울 정도로 예측할 수 있게 해주는 43가지 사회재적응평가척도^{Social Readjustment Rating Scale}를 만들었다. 이 척도는 지난 12개월 동안 당신의 삶에서 일어난 사건을 단순히 표시하기만 하면 된다. 그런 후 각 항목 점수를 모두 합하면 총점이 나온다.

사회재적응평가척도	
인생 사건	가치 점수
1. 배우자의 죽음	100
2. 이혼	73
3. 별거	65
4. 감옥 수감	63
5. 가족의 사망	63
6. 부상이나 질병	53
7. 결혼	50
8. 실직	47
9. 배우자와의 화해(재결합)	45
10. 은퇴	45
11. 가족의 건강상 변화	44

* 영국 학술 연구지 〈저널 오브 사이코스매틱 리서치*The Journal of Psychosomatic Research*〉, 11권: T. H. Holmes and R. H. Rahe, Social Readjustment Rating Scale에서 출판사 허락하에 인용.

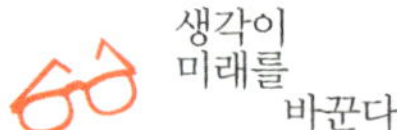

점수가 150점 이하이면 안전한 편에 해당된다. 점수가 150점에서 300점 사이라면 앞으로 2년 동안 아프거나 장애를 가질 확률이 50퍼센트이다. 그렇게 좋은 점수는 아니다. 300점 이상이면 의료보험료를 제대로 지불했는지 확인하는 게 낫다. 아프게 될 확률이 90퍼센트에 달하기 때문이다.

전형적인 사무실 슈퍼바이저를 예로 들어보자. 켄Ken은 최근 승진해 더 큰 업무를 책임지게 되었다(20점). 월급이 인상되었고(38점), 아내가 다시 일을 하게 되었다(26점). 켄은 마침내 꿈에 그리던 집을 구입하기로 결정했다(20점). 새로 대출받은 융자금(31점)은 아내의 임금과 자신의 인상된 월급으로 갚을 것이다. 그가 새로 맡게 된 책임은 사람들을 즐겁게 해줘야 하는 부분이 많이 요구되고, 켄은 살이 찌지 않게 엄격한 다이어트를 계속해야 한다(15점).

불행히도 업무상 스트레스가 결혼생활에 압박감을 주었다. 켄 부부는 말다툼이 더 많아졌고(35점), 그것은 성관계에도 좋지 않은 영향을 미쳤다(39점). 여기까지만 살펴보아도 켄은 224점이나 된다. 비록 휴가를 떠나고(13점), 부부간에 화해하기 위해 결혼상담을 예약하거나(45점) 옛날 직업으로 되돌아간다 하더라도(36점), 그것은 여전히 더 많은 변화를 요구하며 스트레스를 증가시킨다.

켄의 점수가 300점을 넘어서도록 밀어붙이면, 그가 질병이나 장애를 갖지 않을 확률은 10분의 1밖에 되지 않는다. 우리의 관심은 어떻게 하면 그 10분의 1에 들어가도록 하는가에 있다. 스트레스에서 살아남는 열쇠는 자기 대화에서 찾을 수 있다.

만일 켄이 다음과 같이 자기 대화를 한다면 그는 큰 어려움에 빠져 있는 것이다.

나는 승진하지 말았어야 했어.

메리는 왜 내가 겪고 있는 스트레스를 이해하지 못하는 거야? (그녀가 이해해야 마땅해!)

집을 사지 말고 기다려야 했어.

메리는 왜 자기가 일해야 한다는 사실에 단순히 적응하지 못하고 잔소리를 그만 두지 못하는 걸까? (그녀는 당연히 그렇게 해야 해!)

상담가가 아내의 마음을 다잡게 도와줘야 해. 그러지 않으면 결혼생활은 끝장나고 말 거야! (반드시 그렇게 해야 해. 그렇지 않으면 끝장이야!)

아내와 휴가를 떠나고 싶지만 그럴 여유가 없어. (그녀가 이해해야 해!)

켄은 아내와 자신의 삶에 스스로 부과한 '해야 한다' 는 요구에 휩싸인 결과 스트레스만 늘어났다. 자신에게 너무 많은 요구를 하고 있기 때문에 스스로 우울증에 빠져들고 있는 것이다. 그러면서 이미 씨름하고 있던 자기 통제에 대한 상실감만 더 커져갔다. 켄은 부정적인 자기 대화처럼 긍정적인 생각을 하는 것도 어렵지 않았을 것이다.

아마도 승진이 내가 생각했던 모든 것은 아니었을 거야. 하지만 난 승진을 위해 최선을 다했어.

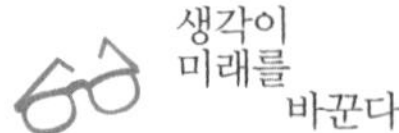

내가 느끼는 압박감을 메리가 이해하면 좋겠어.

우리가 결혼생활에서 서로 도움을 주고받을 수 있으면 기쁠 거야. 메리는 내게 매우 중요한 사람이고, 난 상황을 개선하기 위해 할 수 있는 건 다하고 싶어.

어떤 상황에서도 우리는 견뎌낼 거야. 삶은 좋은 것이고 난 가족을 사랑하니까.

스트레스의 주된 요인은 심리적 요인이므로 삶 속에서 스트레스 인자를 극복하고 생존하려면 자기 대화를 통제해야만 한다.

바울이 누린 완전한 평화

사도 바울은 스트레스의 영향을 잘 알고 있었다. 그는 수차례 투옥되었고, 죽을 정도로 매를 맞았고, 난파당했으며, 그리스도인들에게도 거절당했다. 그러나 그는 모든 스트레스를 견뎌냈을 뿐만 아니라, 몇 세기에 걸쳐 교회를 감화시켰던 태도를 유지했다.

고린도후서 4장에서 바울은 "우리가 사방으로 우겨쌈을 당하여도 싸이지 아니하며 답답한 일을 당하여도 낙심하지 아니하며 박해를 받아도 버린 바 되지 아니하며 거꾸러뜨림을 당하여도 망하지 아니하고"라고 쓰고 있다8-9절. 바울은 거기에서 잠시 펜을 내려놓고 자신의 힘든 삶을 돌아보았을 것이다. 그의 자기 대화가 자기 연민에 빠져 있었다면 스트레스를 더 강화시키는 글을 덧붙였을 것이다. 그러나 그의 반응은 달랐다.

"그러므로 우리가 낙심하지 아니하노니 우리의 겉사람은 낡아지나 우리의 속사람은 날로 새로워지도다"16절. 그의 겉사람, 그의 몸이 낡아진다고 말할 때, 바울은 젤리에 박사가 정의한 스트레스가 무엇인지 말해준다. 바울은 몸이 엄청나게 쇠약해지는 것을 견뎠다. 그러나 스트레스에 굴하지 않았다. 그의 속사람, 생각과 영이 날마다 새로워졌기 때문이다. 바울이 그의 모든 생각을 사로잡아 그리스도께 순종함으로써 그의 생각이 어떻게 새로워졌는지 우리는 이미 알고 있다. 바울은 자신의 삶에서 발생한 스트레스를 어떻게 자신에게 유익한 것으로 전환시킬지 알고 있었다. 그 비결은 바로 자기 대화에 있었다.

사도행전에 나오는 바울의 행적을 추적해보면 이 사실을 알 수 있다. 16장에서 바울과 실라는 마케도니아 감옥에 갇힌다. 그곳에서 자신의 생각을 사로잡아 찬양할 내용에 초점을 맞춘다. 바울과 실라는 전심을 다해 하나님께 기도하고 찬양한다. 스트레스를 겪는 상황에서도 자기 대화를 통해 속사람을 새롭게 한 것이다.

바울은 여러번 매를 맞았다. 난파를 당했고, 감옥에 갇힌 상태였다. 감옥에서 그는 여러 서신서를 썼다. 그중 하나가 빌립보서인데, 이 편지에서 "항상 기뻐하라"고 여러번 강조했다. 그러고 나서 어떤 상황에 처하든지 "자족하는 법을 배웠다"고 덧붙였다빌 4:11. 그렇게 많은 스트레스를 겪었으면서도 어떻게 그럴 수 있었을까? 방법은 오직 한 가지, 생각을 새롭게 함으로써 가능했던 것이다. 빌립보서에서 바울은 독자들이 경험하기를 바라는 태도에 대해 묘사했다.

> 너희 안에 이 마음을 품으라 곧 그리스도 예수의 마음이니 그는 근본 하나님의 본체시나 하나님과 동등됨을 취할 것으로 여기지 아니하시고 오히려 자기를 비워 종의 형체를 가지사 사람들과 같이 되셨고 빌 2:5-7

스트레스를 물리치는 바울의 비밀 병기가 바로 이것이다. 그는 자기 대화 속에서 예수님의 마음을 닮아가는 데 초점을 맞추었다. 자신의 권리를 요구하는 자세를 버렸던 것이다. 그는 종의 마음으로 살았다. 바울은 예수님의 모범과 성품을 자기 대화의 중심에 두었다. 이사야가 기록한대로, 하나님께 마음을 정한(초점을 둔) 사람은 완전한 평안을 누리게 된다.

스트레스 한가운데에서 느끼는 완전한 평화! 스트레스로 가득한 문명사회에서 우리는 어떻게 생존할 수 있을까? 예수 그리스도께서 보여주신 마음을 어떻게 계발할 수 있을까? 자기 대화를 바꾸고 스트레스를 조절할 수 있는 몇 단계를 소개하고자 한다.

삶 속에서 스트레스가 되는 상황을 파악하라　　　　앞의 세 장에서 이 과정은 이미 시작되었다. 분노, 우울, 걱정과 불안의 감정을 촉발하는 상황은 모두 스트레스를 야기하는 상황들이다. 직장이나 가정에서 당신이 회피하고 있는 것들을 살펴보면 스트레스 인자를 발견하게 될지도 모른다.

당신의 삶에서 사라졌으면 좋겠다고 바라는 사람들, 상황, 일, 과제는 무엇인가?

예를 들어 제인Jane은 요즘 극도로 신경질적이며 항상 긴장하고 있다. 그녀는 직장 동료에게 화가 나 있고, 최근 맡은 일 때문에 직장 상사와 다투었다. 집에는 끝내지 못한 일이 가득했고, 내일 오후에는 직장 최고위원회에서 특별 발표를 해야 한다. 제인은 이런 목록을 작성할 수 있을 것이다.

스트레스 상황

1. 점심시간에 나를 비방한 직장 동료에게 화가 난다.
2. 직장 상사가 맡긴 새로운 업무에 좌절감을 느낀다.
3. 꽃을 다시 심어야 한다.
4. 집의 벽을 다시 칠해야 한다.
5. 내일 위원회에서의 발표가 죽을 지경으로 두렵다.
6. 아이들을 시켜 창고를 정리해야 한다.

이제 당신의 목록을 가능한 한 구체적으로 적어보라. 특정한 일이 왜 짜증이 나는지, 그것을 어떻게 고칠 것인지 생각하는 데 시간을 보내지 말라. 그냥 상세한 목록을 작성하라.

목록 중 하나를 택해 자기 대화를 작성하라　　　우선 스트레스를 갖게 하는 사람이나 상황이 당신에게 어떤 위협감을 주는지 파악하라. 위협감이나 스트레스를 불러일으키는 자기 대화 속에서 당신 스스로 이미 자신에게 말하고 있는 것은 무엇인가? 예를 들어 제인은 목록을 보면서 가장 크게 느끼는 스트레스 요인은 내일 있을 회의라고 생각할지도 모른다. 그래서 부정적 자기 대화를 파악하기 시작한다. 그녀는 종이 왼쪽에 이러한 말을 적어볼 수 있다.

부정적 자기 대화

1. 나는 이런 종류의 회의가 싫어.

2. 나는 스스로 바보짓을 하는 거야.

3. 나는 사람들 앞에서 말할 수가 없어.

4. 나는 완전히 긴장해서 다 망쳐버릴 거야.

5. 나는 아마도 멍청하게 차트에 부딪히기까지 할 거야.

6. 직장 상사는 왜 내게 이걸 하라고 했지?

이제 당신의 생각과 말을 적어보라. 다시 말하지만, 가능한 한 구체적으로 적어보라. '절대로', '항상'처럼 절대시하는 말뿐만 아니라 당신의 자기 대화 속에서 요구하는 것이 무엇인지 찾아보라.

안전한 상황 속에 있는 자신의 모습을 그려보라　　　우리의 마음속에 그려진 그림은 자기 대화의 일부로서 우리를 변화시키는 큰 잠재력을 갖고 있다. 스트레스와 자기 대화는 상상 속에서 만들어낸 정신적 이미지에 의해 종종 구체화된다. 그러한 정신적 이미지를 바꾸면 변화를 일으키는 힘이 풀려난다. 그러므로 자신이 대처하거나 변화하는 모습을 시각적으로 바라보면 그러한 행동을 현실 속에 실행하는 데 도움이 된다.

그렇게 하기 위해, 당신이 바꾸기 원하는 스트레스 상황을 한 가지 선택하라. 2단계에서 분석한 상황을 선택하면 좋을 것이다. 그런 후 방해받지 않는 시간을 15분에서 30분 정도 정하라.

다음 단계는 누워서 눈을 감고 편하게 있을 장소를 찾는 것이다. 잠시 심호흡을 하거나 근육을 이완시키면서 슬슬 몸의 긴장을 풀어라(어떤 사람들은 발가락에서부터 시작해 천천히 몸 위쪽으로 올라가면서 가능한 한 모든 근육의 긴장이 풀리도록 한다). 긴장이완 과정 중에도 정신은 깨어 있도록 하라. 그리고 긴장이 이완된 느낌을 즐겨라!

몸의 이완을 돕는 또 다른 방법은 아름다운 장면을 떠올리는 것이다. 어떤 사람들은 열대의 해변을 떠올린다. 어떤 사람들은 산을 좋아해 싱그러운 초록색 풀밭 위에 야생화들이 흐드러지게 피어 있는 봄날의 아름다운 계곡을 떠올리기도 한다. 근처에 시내가 졸졸 흐르고, 새가 나무 사이로 날아다니고, 속삭이는 듯한 바람 속에 나뭇잎들이 부드럽게 흔들리는 광경을 떠올리기도 할 것이다.

이런 장면들이 떠오르면 상상 속 장면에 들어가보라. 나무 옆에 앉거나, 길게 펼쳐진 하얀 백사장 야자나무 아래에 앉아보라. 거기에 앉아 밀려오는 파도를 감상하라. 바람소리를 들어보고, 햇볕

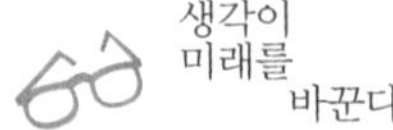

의 따스함을 느껴보라. 그런 후 좀더 세부적인 장면에 집중하라. 마치 실제로 거기 있는 것처럼 말이다. 드디어 긴장이 풀리면, 눈을 감은 채 산이나 바닷가의 평온한 장소에서 당신이 선택한 스트레스 상황으로 옮겨가라. 그러나 스트레스를 받는 자신의 모습을 너무 괴로울 때까지 바라보지 말고, 그 상황을 바꾸는 방법을 상상하라. 상황을 다르게 볼 때 사고 패턴을 바꿀 수 있고, 자신을 스트레스에 성공적으로 대처하는 존재로 볼 수 있다. 자제력과 확신을 느끼는 모습을 그려보라. 그 장면에 있는 다른 사람들의 행동과 태도를 비롯해 많은 상황들을 가능한 한 상세하게 보도록 노력하라.

제인은 이렇게 하려고 할 때 가족들에게 30분 정도 자기 시간을 갖고 싶다고 말한다. 그녀는 침실에 들어가 침대에 몸을 쭉 뻗고 눕는다. 아름다운 산의 전경을 그려보면서 그것에 집중하기 시작하자 마음이 밝아진다. 10분 후 제인은 다음날 회의에 참석한 자기 모습을 그려본다. 회의에 가기 직전 초조하고 머리가 어찔어찔해서 책상 앞에 있는 자기 모습이 떠오른다. 목구멍에 큰 덩어리가 하나 걸려 있는 느낌이다.

그녀는 즉시 깊은 숨을 들이쉬고 천천히 내쉰다. 말 그대로 천천히 그리고 깊게 호흡하면서, 책상 앞에서 심호흡하고 있는 자신의 모습을 상상한다. 그리고 회의실로 걸어 들어가는 모습을 떠올리면서, 긴장을 풀고 자연스럽게 말하라고 자신에게 말한다. 자신의 행위를 판단하지 않으면서 말이다. 회의실에 있는 사람들은 자신과 같은 평범한 인간일 뿐이라고 되뇌기도 한다.

그러고 나서 다시 천천히 깊은 심호흡을 하고 회의실에 들어가는 모습을 떠올린다. 그녀가 발표를 시작할 즈음에는 여유 넘치고 확신이 있는 상태다. 마음속으로 자신이 하는 발표를 들으면서 자신이 지적한 것이 인상적이라고 느낀다. 그녀는 평온하고 침착하게 발표한다. 긴장이 없음을 느낀다.

제인은 이런 장면을 여러번 상상할 수 있을 것이다. 매번 자신이 확신에 차서 조용히 행동하는 모습을 지켜본다. 그러고 나서 서서히 눈을 뜬다. 잠시 후 다시 가족들과 어울린다. 그녀는 긴장이완 과정의 고요한 효과를 이미 느끼고 있다.

만일 스트레스 상황에 자녀들이나 가족들이 포함되어 있다면 그들의 시각으로 상황을 보도록 노력하라. 그들의 느낌을 시각화하려고 노력하라. 그들을 상처 입고 연약한 존재로 바라보라. 이렇게 할 때 상황을 보는 당신의 관점이 바뀌는 경험을 하게 될 것이다. 그것은 스트레스 조절 과정에서 결정적으로 중요한 단계다.

5분 내지 10분 동안 이렇게 하고 나서 천천히 눈을 떠라. 어쩌면 몇 분 동안 움직이고 싶지 않을 수도 있다. 좋은 신호다. 잠시 긴장이 풀린 느낌을 즐겨라.

때로는 상황이 바뀌지 않을 수도 있다. 그래도 당신은 여전히 무력하지 않다. 상황을 긍정적으로 바꾸는 모습 대신 스트레스를 성공적으로 처리하는 모습을 떠올릴 수도 있다. 이런 경우에는 스트레스 상황을 가능한 한 오랫동안 시각적으로 떠올려라. 그러고 나서 눈을 계속 감은 채 산이든 바다든 고요한 장소에 들어가 있는

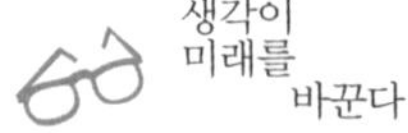

모습을 떠올려라. 긴장이 풀릴 때까지 상상 속 장소에 머물러 있다가, 다시 스트레스 장면으로 돌아가라. 할 수 있는 만큼 오랫동안 스트레스 장면에 머물러 있다가 평온한 장면으로 다시 돌아가 긴장을 풀고 고요함과 확신을 충분히 가진 후 눈을 떠라.

스트레스에 성공적으로 대처하는 자신의 모습을 떠올리려면 그 상황 속에서 다른 사람의 느낌과 태도를 이해하려는 노력이 필요할 것이다. 스트레스 대처에 도움이 될 만한 자기 대화를 찾아야 할 수도 있다. 이제 당신은 마지막 단계에 들어설 준비가 되었다.

부정적 자기 대화를 긍정적 자기 대화로 바꾸라　　　이제 당신은 스트레스 상황에 성공적으로 대처하는 자신의 모습을 상상할 수 있으므로 이 작업도 할 수 있다. 제인은 부정적 자기 대화 목록 옆에 다음과 같은 자기 대화를 쓸 수 있을 것이다.

부정적 자기 대화	긍정적 자기 대화
나는 이런 회의가 싫다.	나는 이런 회의를 좋아하지 않지만, 이번에는 기다리고 있다.
나는 스스로 바보짓을 할 것이다.	나는 어떤 바보짓을 할까봐 두려워하지 않는다. 그 사람들이 나를 판단하지 않는다.
나는 여러 사람들 앞에서 말할 수 없다.	나는 여러 사람들 앞에서 말하는 것을 좋아하지 않지만, 내가 준비한 것을 말하는 것이 중요하다.
나는 너무 긴장해서 다 망쳐버릴 것이다.	나는 긴장을 푸는 법을 알고 있다. 내가 망쳐버릴 아무런 이유가 없다.

이제 당신이 긍정적 자기 대화 목록을 작성할 차례다. 스트레스를 유발하는 자기 대화를 찾아내기 위해 스트레스 상황을 날마다 적고 살펴보는 시간을 가져라. 그리고 나서 유도심상을 통해 자신이 그러한 상황에 성공적으로 대처하거나 상황을 바꾸는 모습을 상상 속에서 바라보는 시간을 가져라. 점차 삶 속에서 부정적 스트레스를 줄이고, 꿈을 성취시키기 위한 긍정적 에너지로 스트레스를 사용할 수 있게 될 것이다.

'위기(危機)'라는 말은 위험과 기회를 합친 말이라고 한다. 스트레스도 마찬가지다. 위험하면서도 동시에 기회가 될 수 있다. 스트레스는 친구이자 적인 것이다. 자기 대화를 주의 깊게 살필 때, 스트레스가 위험스러운 것이 될지 기회가 될지 결정할 수 있다.

1 당신의 심상 경험을 사람들과 이야기하고, 당신이 경험한 변화를 나누어보라.

2 상상 속에 떠오른 스트레스 상황에서 자신에게 반복해서 말해줄 수 있는 핵심적인 말이나 문장은 무엇인가? 그런 말은 당신에게 어떤 도움이 될까?

3 당신에게 분노나 걱정이 생겼을 때 긴장이완 기술을 어떻게 적용할 것인가?

chapter 10

사랑을 주고받는 방법

대중심리학에서 관심이 집중된 것 중 하나가 바로 자기 주장 훈련이다. 대부분의 성인교육 프로그램에서 자기 주장 교실을 열고 있으며, 그 과정 이수자들은 열렬한 팬이 된다. 배운 것을 항상 실천하지는 않는다 해도, 그들의 권리와 감정에 대해 더 잘 이해하게 되기 때문에 흥분을 감추지 못한다.

불행히도 자기 주장 훈련은 종종 비판을 받는다. 자기 주장 훈련이 자기 대화를 간과하는 경우가 많아 종종 함정에 빠지기 때문이다. 그럴 때 그 훈련이 없었더라면 하는 사람들은 대개 그 과정을 마친 사람들의 가족들이다. 그들은 자기 주장과 화내는 것을 동일시한다. "아내가 배운 것이라고는 어떻게 화를 낼지가 전부입니다!" 최근에, 불화를 겪고 있는 한 남편이 이렇게 말했다. 그의 관점으로 볼 때, 대체로 조용하고 만족해하던 아내가 모든 사람들에게 자기 생각을 그대로 말하는 그야말로 폭풍처럼 바뀌고 있었다.

이런 경우가 비일비재해 많은 사람들이 자기 주장적 행동과 공격적 행동을 동일시한다.

보통 변하는 과정은 이렇게 된다. 다소 수동적이던 사람들이 자신에게 어떤 권리가 있음을 갑자기 발견한다. 하지만 수동적 행동 패턴 때문에 분노가 가득찰 때까지 눌러놓아 꼭대기까지 감정이 부글부글 끓게 된다. 그러다 조용했던 사람들이 갑자기 공격적으로 바뀐다. 그들은 자신의 분노를 알아차림과 동시에 자신의 공격적 행동에 두려움을 느낀다. 그들은 화를 내고 싶지도 않고 공격적으로 되고 싶지도 않다. 결국 자기 주장 기술을 공격적 행동과 혼동하게 되고, 좌절감에 빠져 다시 예전의 수동적 행동 패턴으로 되돌아 간다. 자기 주장을 제대로 보기 위해, 수동성, 자기 주장, 공격성이라는 세 가지 삶의 접근방식의 차이점을 살펴보자.

수동적인 사람들의 행동방식

수동성 *passiveness*　　수동적 접근방식은 대개 두려움이라는 감정에 연결되어 있다. 앞에서 살펴본 대로 감정은 자기 대화를 통해 만들어진다. 수동적인 사람은 대개 다음과 같은 자기 대화를 한다.

나는 "No."라고 할 수 없어. 그렇게 하면 죄책감을 느끼게 될 거야.

나는 남편에게 함께 있어 달라고 말할 수 없어. 분명 화를 낼 텐데, 뭐.

나는 블라우스를 상점에 다시 갖다줄 수 없어. 분명 다음번에는 사이
즈를 제대로 가져가라고 싫은 소리를 할 거야.

나는 야단법석을 떨고 싶지 않아. 회사 방침을 그냥 따를 거야.

나는 서비스에 대해 매니저에게 불평할 수 없어.

사람들과 사건에 수동적으로 접근하는 가운데 그들은 자신의 솔직한 감정과 생각을 직시하지 못함으로써 권리를 스스로 포기해버린다. 그들은 사과하고 자신을 묻어버림으로써 다른 사람들이 침범하도록 허용한다. 그들 속의 자기 대화는 "나는 중요하지 않아! 그러니 어서 나를 이용해!"라고 말하고 있다. 그 과정에서 수동적인 사람들은 금방 자기 존중감을 잃어버리거나, 그들 속에 분노와 원망으로 펄펄 끓는 솥을 만들어 터지기만을 기다린다.

공격성 aggressiveness　수동적인 사람들은 어떤 대가를 치르고서라도 다른 사람들을 기쁘게 하고 어떤 갈등도 피하는 것이 목표이다. 그러나 때때로 억압된 분노와 원망이 폭발하면 공격적인 사람이 된다. 이러한 사람의 자기 대화는 다음과 같은 양상을 띤다.

절대로 안 할 거야! 모든 사람들이 "Yes."를 기대하는 것에 신물이 나!

내겐 권리가 있어! 함께 있어주는 게 좋을 걸? 아니면 끝장을 내든가!

멍청한 직원이 틀린 사이즈를 줬잖아. 당장 환불해야겠어!

이곳 방식에 진절머리가 나. 해고할 테면 해보라고!

공격적인 사람은 적어도 자기 권리를 내세우기는 하지만 어떻게 행동하는지 보라. 그들은 다른 사람들의 권리와 감정을 침범하면서 생각과 감정을 표현한다. 공격적인 사람들은 승리를 보장받는 방식으로 상황을 지배하고 싶어한다. 분노에 찬 자기 대화 때문에 그들은 창피를 주거나 깎아내리거나 강압적인 방법을 사용한다. 이기기 위해서라면 수단과 방법을 가리지 않는 것이다. 그들의 자기 대화는 "넌 중요하지 않아!"라는 생각의 지배를 받는다.

수동적인 사람들은 대개 그들의 느낌을 억제하고 억압하며 부인하려고 애쓴다. 이런 식으로 감정을 다루면 다룰수록, 가방 속에 점점 더 많은 미해결 감정을 쑤셔넣는 결과를 낳는다. 얼마 지나지 않아 조금만 자극을 받아도 사방에 감정을 쏟아내는 것이다.

때때로 수동적인 사람들은 화낼 권리를 얻었다고 생각하거나 말하면서 일시적으로 화내는 것을 합리화한다. 마치 너무나 많은 학대와 권리침해를 당해서, 이제는 보상받을 경품교환권이 많아져 사용할 준비가 된 것처럼 말이다. 그들이 주장하는 보상은 화낼 권리다. 그런데 보통은 그러한 보상 뒤에 죄책감이라는 세금이 따라온다.

공격적인 사람들은 감정을 부인하거나 억제하지 않는다. 크고 분명하게 감정을 '표현'한다. 만일 당신이 표적이 되면, 그들이 화를 분출할 때마다 손가락질당하는 느낌을 받을 것이다. 감정 표현

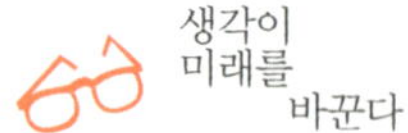

은 종종 정죄하는 태도를 동반한다. 그렇기 때문에 공격적인 사람들과 함께 있으면 방어적으로 되는 것이다.

사람들은 위협을 느낄 때 대개 공격적으로 반응한다. 그들의 자기 대화는 상대방이 선수치기 전에 먼저 공격하라고 부추긴다. 어떤 때는 현재 상황이 해결되지 않은 과거의 감정적 경험을 떠올리게 하기 때문에 공격적으로 행동할 수도 있다.

사람들이나 상황에 수동적 반응을 하든 공격적 반응을 하든, 이러한 행동 패턴에 사로잡혀 있는 사람들은 그후에 자신에 대한 느낌이 좋지 않다. 수동적, 공격적 행동은 사건이나 사람들에 대한 반응이기 때문이다. 어떤 것에 반사적으로 반응할 때마다, 예전에 느꼈던 통제력을 잃은 느낌을 경험하게 된다.

자기 주장assertiveness 자기 주장은 다르다. 이것은 수동적 반응도 아니고 공격적 반응도 아니며, 두려움이나 분노에 의해 유발되지도 않는다. 참으로 자기 주장적인 행동은 사랑에서 시작된다. 자신과 상대에 대해 충분히 배려하기 때문에, 자신의 권리를 말하면서도 동시에 상대의 권리가 침해당하지 않도록 조심하는 것이다. 프랭크 프리드Frank Freed 박사와 함께한 연구에서, 우리는 이러한 감정 처리법을 '고백' 이라고 불렀다. 우리는 감정을 억압하거나 억제, 폭발해서는 안 된다. 그저 감정을 고백해야 한다.

헬라어로 '고백하다' 라는 단어는 '동의하다' 라는 뜻이 있다. 자신의 느낌과 감정을 고백할 때, 우리는 내면의 느낌에 언어적으로 동의하는 것이다. 이러한 감정과 느낌을 고백할 때, 우리는 내면에서 일어나고 있는 일을 상대에게 묘사할 수 있다.

자기 주장과 관련된 태도에서 종종 저지르는 실수는 자신이 원하는 것은 가져야 한다는 태도다. 그렇게 하면 안 된다! 공격적으로 행동함으로써 목표를 이룰 수도 있다. 그러나 자기 주장을 훈련하는 것은 자기 통제를 찾기 위해서다. 주변 사람들이 대가를 치르게 하거나 누군가를 강압하지 않으면서 동시에 자신도 주변의 강압을 받지 않는 것, 이 두 가지 반응을 말하는 것이다. 그렇게 되면 스스로를 통제할 수 있으며, 반사적 반응이 아니라 자신이 선택해 행동할 수 있다! 이렇게 하면 마침내 더 큰 자기 확신과 자기 통제를 갖게 되어 수동적으로나 공격적으로 반응할 필요가 줄어들게 된다.

자기 주장이 사랑에서 비롯되는 것이므로, 자기 주장적으로 행동하는 목표는 쌍방이 각자의 목표를 부분적으로 성취할 수 있도록 가능성을 극대화하는 것이다. 이렇게 할 때 상대와 더 친근하고 만족스러운 관계를 맺게 된다.

다시 한 번 말하지만, 자기 주장적 행동을 하기 위한 전투는 자기 대화에서 시작된다. 자기 주장적이지 못한 사람들은 '해야 한다I should' 는 자기 대화의 지배를 받으며, 해야 한다는 요구는 '할 수 없다I can't' 는 느낌을 만들어낸다.

해야 한다라는 자기 주장적이지 못한 말이나 생각을 할 때마다 우리는 자기도 모르게 다음과 같은 환경을 만들고 있다.

I   비활동적으로 된다 Immobilization

S   말만 하고 행동하지 않는다 Saying, not doing

H   죄책감에 사로잡힌다 Hung up on guilt

O   지나치게 불안해한다 Overly anxious

U   숨은 분노가 생긴다 Underlying anger

L   자존감이 낮아진다 Lowered self-esteem

D   우울해하고 낙담한다 Depression

이것은 전혀 만족스러운 패턴이 아니다. 자기 주장적이지 못한 행동 패턴은 죄책감, 분노, 염려, 불안, 우울증을 부추긴다. 그 결과 자존감이 낮아지고 감정이 마비된다. 앉기만 하면 했어야 했는데 하지 않은 것들을 말하거나 생각한다. 그런다고 해서 아무것도 바뀌지 않는다. 그냥 마비된 상태에 빠져 있는 것이다.

해야 한다는 언제나 '할 수 없다'로 이어진다. 그것은 다음과 같은 패턴을 만들어낸다.

I   자신에 대한 부적절한 느낌 Inadequate feelings about myself

C   통제력을 유지하기보다 통제당함 Controlled instead of being in control

A   무감각함 Apathetic

N   부정적 결과 Negative results

T   전적 절망 Total despair

"할 수 없다!"고 말하는 것이 당연하다. 부적절감을 느끼고 통제력을 잃어버리고 무감각해지면, 부정적 결과에 완전히 절망해서 결국 포기하게 되는 것이다.

즐거운 자기 대화를 위한 네 가지 방법

그러면 우리가 할 수 있는 것은 뭘까? 자기 주장적 삶을 살기 위한 네 가지 "D"를 설명하겠다. 이는 자기 대화를 감시하는 방법이자, 자기 대화를 변화에너지로 바꾸는 방법이다.

묘사하라 Describe　자기 주장적으로 반응하지 못하고 반사적으로 반응하는 상황을 묘사하라. 갈등을 글로 써보라.

정의하라 Define　자신에게 어떤 일이 일어나고 있는지 정의하라. 당신은 어떤 말, 행동, 생각을 하고 있는가? 어떻게 자기 대화를 하고 있는가? 당신이 기대하는 것은 무엇인가? 당신의 느낌, 두려움, 적대감, 행동을 가능한 명확하게 정의하라.

분별하라 Discern　다른 사람들이 어떻게 생각하고 있을지 분별하라. 그들의 동기는 무엇이며, 그들은 어떤 느낌이 들까? 상대방의 내면에 어떤 일이 일어나고 있을까?

결정하라^{Decide} 이 상황에 대해 당신이 무엇을 할 수 있을지 결정하라. 당신이 스스로의 덫에서 벗어나기 위해 사용할 수 있는 새로운 자기 주장 방법은 무엇인가? 변화를 창출하기 위해 당신이 다르게 시작할 수 있는 사랑의 행동은 무엇인가?

이제 한번 시도해보라. "할 수 있다!"고 믿는 사람이 되라. '할 수 있다^{I can}' 패턴은 다음과 같다.

I 반사적 행동이 아닌 선택적 행동을 시작하라^{Initiate change by acting, not reacting}

C 내 감정을 고백하라^{Confess my feelings}

A 원하는 것과 필요를 요청하라^{Ask for what I want and need}

N 긍정적 결과를 위해 협상하라^{Negotiate for positive results}

이제 당신의 특정 행동을 바꾸기 위해 네 가지 "D"를 채워보라.

묘사하라^{Describe} :

정의하라^{Define} :

분별하라^{Discern} :

결정하라 Decide :

　　지속적인 자기 주장 행동은 스스로를 존중하고 다른 사람들로부터 존중받을 권리가 있음을 믿는 자기 대화에 기초한다. 그 배후에 있는 감정은 사랑이기 때문에, 우리는 다른 사람들을 존중하고 그들의 권리를 배려하게 된다. 우리가 사랑 안에서 진리를 말할 때 존중하는 태도를 보여줄 수 있다. 다시 말해, 자신과 다른 사람들에게 자신의 감정을 정직하게 말하되, 이 감정들을 직접적이면서도 적절히 배려하며 고백해야 한다.

　　내게는 "No."라고 말할 권리가 있다.

　　나는 남편의 침묵이 상처가 된다는 것을 말할 권리가 있다. 남편을 너무 사랑하기 때문에 비밀을 갖지 않을 것이다.

　　나는 블라우스 값을 지불했고 그 대가를 받을 권리가 있다. 옷이 맞지 않으면, 최소한 상품권으로라도 돌려받을 권리가 있다.

　　이 회사의 직원으로서 더 나은 방법을 제시할 권리가 있다.

　　서비스가 형편없었다고 매니저에게 알려줄 필요가 있다.

　　자기 주장적 삶을 가장 잘 보여준 모본은 예수님이시다. 그분은 항상 통제력이 있으셨다. 화가 났을 때, 화를 잘 처리하셨다. 친구 나사로의 무덤에 가셨을 때는, 마음속 슬픔이 그분의 행동과 말에 나타났다. 잡히시기 전날 밤 두려움과 맞닥뜨린 예수님은 겟세

마네 동산에 올라가 내면의 무거움을 기도로 표현하셨다. 그리고 십자가를 맞이하셨다.

예수님은 그분의 감정을 언제나 직접적이면서도 정직하게 말씀하셨다. 그분은 공의를 말씀하셨고, 개개인의 가치를 믿는 확고한 신념을 말과 행동으로 보여주셨다. 깊고 열정적인 사랑을 보여주셨고, 부정직함을 거부하셨다. 협박받는 것을 거부하셨고, 자기 자신과 다른 사람들을 똑같이 사랑하라고 말씀하셨다.

바울은 베드로가 유대인이 없을 때만 이방인들과 식사하자 그의 우유부단함을 책망하면서 자기 주장적으로 행동했다 갈 2:11-21. 그는 베드로나 다른 사람들이 화를 낼지도 모른다고 생각해 한쪽으로 물러났을 수도 있었다. 그것은 수동적 행동이었을 것이다. 한편 공격적으로 반응할 수도 있었다. 베드로에게 소리지르며 당황스러운 상황을 만들 수도 있었다. 그러나 바울은 사랑의 동기를 갖고 베드로를 자기 주장적으로 대했다. 갈라디아교회에 보낸 편지에 그 사건에 대해 공개적으로 말한 것으로 보아, 그는 이후에도 자신의 행동에 대해 편안해했음을 알 수 있다. 그것은 자기 주장적으로 행동했다는 좋은 증거이다.

자기 주장적 행동을 할 때마다, 그렇게 행동하는 사람은 다음과 같은 다섯 가지 신념체계에 근거한 자기 대화를 발달시킨다.

1. 모든 사람에게는 다른 사람들로부터 존중받는 한편 스스로를 존중할 권리가 있다.

2. 모든 사람에게는 욕구가 있다. 하지만 자신의 욕구를 위해 상대의 욕구를 희생하라고 요구할 권리는 없다.

3. 모든 사람에게는 감정이 있다. 누구나 다른 사람의 권리를 침해하지 않는 방식으로 자신의 감정을 고백할 권리가 있다.

4. 모든 사람에게는 의견이 있다. 누구나 자신의 의견을 적절하게 표현할 권리가 있다.

5. 모든 사람에게는 결정을 내릴 권리가 있으며, 그 결정에 따라 살 권리가 있다.

각 신념체계가 개인의 가치를 세워주는 것임을 알 수 있다. 자기 주장적 삶은 분노나 두려움의 감정이 아니라 항상 사랑의 감정에 기초한다. 자기 주장적으로 살 때, 자신과 인생에 대해 좋은 느낌을 갖기 때문에 동기를 부여받고 영감받은 행동을 하게 된다. 당신도 '할 수 있다'는 삶을 살 수 있다.

1 당신이 수동적, 공격적, 자기 주장적이었던 때를 찾아보라. 어떤 접근방식이 당신에게 자주 나타나는 패턴인가?

2 당신이 공격적으로 반응했을 때 주변 사람들이 어떻게 느꼈을지 묘사해보라. 당신이 수동적으로 반응했을 때는 속으로 어떤 느낌이 들었는지 이야기해보라.

3 사랑의 감정은 수동적이거나 공격적인 행동을 어떻게 자기 주장적인 행동으로 변화시킬까? 예를 들어 설명해보라.

chapter II

믿음 위에서 생각의 틀 바꾸기

자기 대화가 풀어놓는 힘은 엄청나다. 우리의 생각과 말은 감정을 일으킬 뿐만 아니라, 우리를 건강하게도 병들게도 하며 미래를 결정하는 힘도 갖고 있다.

마음의 힘을 새롭게 강조하는 태도는 몸과 마음의 상관관계를 염두에 둔 고대 사상으로 거슬러 올라간다. 17세기 프랑스 철학자 데카르트Descartes는 몸을 매우 강조함으로써 생각이 신체보다 우월하다는 당시의 지배적 가르침에 도전했다. 데카르트는 몸이 기계처럼 "신경, 근육, 혈관, 혈액, 피부로 조직되어 있어서 그 안에 마음이 없다 하더라도 (기능을) 중단하지 않을 것이다."라고 강조했다.

데카르트는 마음을 생각과 양심으로 국한시켰는데, 여기에는 의지, 느낌, 이해와 그가 열정이라고 부르는 것(사랑, 욕망, 미움, 희망 등이 해당된다)이 포함되었다. 그에 따르면, 마음은 논리와 하나님의 지배를 받지만, 몸은 기계적 법칙의 지배만 받았다. 몸과 마음이 상호작용은 하지만 그것은 기계적 과정에 불과했다. 마음과 몸이 분리되어 있다고 보았던 것이다.

그후 데카르트의 사상이 의학과 심리학 분야를 지배했다. 그결과 우리는 마음과 몸의 문제가 있을 때 마음을 먼저 다루어야 할지 몸을 먼저 다루어야 할지 갈등해왔지만, 늘 이것 아니면 저것이라는 태도로 문제에 접근했다. 의학이 질병의 생리적 원인을 발견할 수 없을 때는 그 질병을 정신신체상관질환이라는 범주에 집어넣었다. 이것은 종종 환자들에게 문제가 되었다. 그렇게 진단함으로써 상상에 의해 생긴 질병으로 이해했기 때문이다.

그러나 오늘날에는 몸과 마음이 복잡하게 뒤얽혀 있는 것으로 본다. 마음은 건강을 주기도 하지만, 치명적인 질병을 일으킬 수도 있다. 최근 아이오와의과대학에서 진행된 신경생물학 연구에서, 우리의 감정반응을 관장하는 소위 '판독 가능한 신체통로traceable physical pathway'를 발견했다. 감정은 예전에 일어난 사건과 관련시켜 현재 사건을 주관적으로 평가함으로써 생기는 신체 변화와 인지 변화를 지각하는 것이다. 편도라고 불리는 뇌 안의 작은 부분은 다른 사람들이 느끼는 감정을 파악할 뿐 아니라 자신의 감정을 느끼는 능력에 중요한 역할을 한다. 이 연구는 데카르트가 마음과 몸을 이분법적으로 잘못 이해한 이론을 뒤엎은 것이다.

● Sandra Blakeslee, *"Tracing the Brain's Pathways for Linking Emotion and Reason"*, *New York Times*, 6 December 1994, B1.

몸과 마음이 얽혀 있다는 것을 밝혀낸 또 다른 연구는 캄보디아 대학살에서 살아남은 여성들이 시력을 잃은 점에 주목했다. 폴 포트Pol Pot와 크메르 루즈Khmer Rouge(1975-79년까지 캄보디아를 통치하고 대량 학살한 급진 공산주의 혁명단체)가 통치한 1970년대 후반, 8백만 명에 이르는 국민들이 거의 대부분 고문을 받았고 1만 명이 넘는 사람들이 학살당했다. 일부는 태국으로 탈출해 미국으로 망명했다.

연구는 미국으로 건너온 사람들 중 1982년에서 1989년 사이에 실명으로 병원을 찾은 150여 명의 중년여성들을 대상으로 이루어졌다. 모두가 크메르 루즈에 희생당한 사람들이었으나, 서로 알고 지낸 사람은 하나도 없었다. 실명을 일으키는 질병이 무엇인지 전부 알려진 상태였기 때문에, 의사들은 실명 피해자의 수가 너무나 많다는 사실과 실명의 생리적 원인을 찾을 수 없다는 사실에 놀랐다.

보고서에는 이렇게 기록되어 있다. "전쟁이 끝나갈 무렵, 서로 고립된 그 많은 사람들이 시력을 잃은 이유는 아무도 설명할 수 없다." ●

실명의 원인을 설명할 아무런 신체적 이유가 없다면 마음이 그 원인일 수 있다. 마음이 자기 통제의 중추기관이라는 사실이 점점 더 명확하게 밝혀지고 있다.

● Alec Wilkinson, *"A Changed Vision of God"*, *The New Yorker* (January 24, 1994), 52ff.

알라딘의 마술램프 증후군

마음의 힘과 생각과 말의 역할을 새롭게 강조하게 되면 문제에 빠지기 쉽다. 자신의 생각을 통제하기만 하면 자기 운명의 주인이 될 수 있다고 믿는 어리석음에 빠질 수 있는 것이다! 이 점을 지나치게 밀어붙이다 보면, 얼마 지나지 않아 새 캐딜락 자동차를 원할 때 말만 하면 갖게 될 것이라는 믿음이 생길 수도 있다. 부자가 되고 싶을 때 생각만 잘하면 부유해질 것이라고 믿을 수도 있다. 병이 들었을 때는 자신이 건강해지는 모습을 시각화시키면 건강해진다고 믿을 것이다. 갑자기 마술램프를 발견한 알라딘이라도 된 것 같다. 불가능한 것은 아무것도 없을 것 같은 느낌이 드는 것이다!

듣기는 좋다. 신유 은사자나 긍정적 사고를 고취하는 설교자들의 말을 들으면 훨씬 더 듣기 좋다. 그 메시지는 효과가 있을 것이다. 적어도 한동안은 말이다.

나는 최근에 소위 '믿음의 선포faith talk' 과정을 마친 부부를 사무실에서 만났다. 그들은 내가 언급한 것과 똑같은 성경구절들을 엮어서 가르친 설교자들의 말씀을 들어왔다. 그러나 그 과정에서 하나님을 램프 요정 같은 존재로 전락시키려는 태도에 쉽게 익숙해질 만한 구조를 만들어냈다.

부부는 자신들의 경험을 털어놓으면서, 말에는 힘이 있으며 무엇을 말하든지 그대로 될 것이라는 가르침을 받았다고 이야기했다. 한동안 그들은 믿음의 선포 원리에 흥분했다. 믿음에 대의를 제공해주었기 때문이다.

그러나 나는 그 부부와 이야기하면서 그들이 현재 느끼고 있는 쓴 뿌리와 혼란을 알 수 있었다. 그들은 최근 대학을 중도 포기한 딸에 대해 말했다. 몇 년 동안 그들은 딸 로리^{Lori}의 행동과 태도에 대해 염려해왔다. 로리는 본인이나 부모의 가치관과 정반대되는 친구들을 사귀었다. 그러나 꽤 괜찮은 성적으로 고등학교를 졸업했고 대학에 들어갈 준비까지 하고 있었다.

로리가 대학에 들어갈 무렵, 부모들은 로리의 삶을 바로 세워주시는 하나님의 능력을 믿음으로 선포하기 시작했다. 그들은 기도할 때마다 항상 하나님이 이미 이루신 일에 대해 감사했다. 그들은 로리에 대해 말할 때마다 믿음의 선포를 하면서, 하나님이 로리 안에 창조해주실 것이라고 믿는 행동과 태도만을 격려했다.

부부는 로리가 갖고 있는 성관계의 태도를 특히 걱정했는데, 함께 이야기를 나누거나 기도할 때마다 그에 대해 중점적으로 믿음의 선포를 했다. 그들은 로리의 삶 속에 있는 어떤 부정적 행동에도 힘을 실어주지 않기 위해 조심스럽게 말을 삼갔다.

로리에 대한 생각이나 말을 바꾸자 6개월 동안은 정서적으로 자유로움을 느꼈다. 믿음의 선포가 효력이 있었던 것이다! 로리가 예상치 못한 귀향을 하기 전날까지는 최소한 효과가 있었다.

며칠 동안 시무룩하게 지내던 로리는 마침내 마약 소지로 친구들과 체포되어 대학에서 쫓겨났다는 이야기를 했다. 그러고 나서 마치 감정의 댐이 무너지기라도 한듯 임신 사실을 남자친구에게 알리고 나서 헤어진 이야기까지 털어놓았다.

로리의 부모는 그 이야기를 하면서 신유 은사자와 하나님께 느끼는 쓴 뿌리와 분노를 쏟아내기 시작했다.

"우리가 뭘 잘못했나요?" 그들은 다그쳤다. "우리의 믿음이 충분하지 않았나요? 우리는 로리에 대해 의심하거나 어떤 부정적인 말도 한 기억이 없습니다. 왜 하나님은 우리를 실망시키시는 겁니까?" 그리고 그들은 침묵했다. 산산조각난 그들의 믿음에 대한 해답을 기다리면서 말이다. 결국 하나님은 무엇이든지 말한 대로 이룰 줄 믿으면 그대로 된다고 약속하시지 않았는가^{막 11:23}.

로리의 부모는 그 원칙을 문자 그대로 적용했다. 불행히도 그들에게 남은 것이라고는 마음의 상처밖에 없었다. 하지만 적어도 그들의 고통은 웨슬리 파커^{Wesley Parker}의 부모가 겪은 것보다는 치명적이거나 비극적이지는 않았다. 《우리가 아들을 죽게 했다^{We Let Our Son Die}》는 책에서 파커 부부는 말, 믿음, 하나님에 대해 비슷한 갈등을 이야기한다.

당뇨병을 앓고 있던 웨슬리는 하나님이 그를 치유해주실 것이라고 예배 중에 부모에게 말했다. 그는 설교를 듣고 나서, 당뇨병이 치유되었다는 것을 생각과 말로 선언했다.

얼마 후에 친구들과 웨슬리의 격려에 힘입어 부모는 인슐린 투여를 중단했다. 다음날부터 웨슬리는 당뇨병 증상을 보였다. 병이 점점 더 심해지자 교회 사람들이 모여서 웨슬리와 함께 그가 치유되었다는 하나님의 약속을 선포했다. 그들의 믿음에 한 가지 약점

이 있었다면, 하나님이 약속을 이루실 것을 보증하는 데 얼마나 많은 믿음이 필요한가 하는 것이었다.

웨슬리가 죽고 난 후에도 가족들과 친구들은 하나님이 그를 다시 살리실 것이라고 굳게 믿었다. 그들이 주관한 부활예배는 전국 뉴스에서 화젯거리였다. 웨슬리의 부모가 체포되었을 때도 뉴스에서 보도되었다.

아마도 파커 부부는 로리의 부모와 유사한 질문을 했을 것이다. 그들은 감옥에서 왜 실패했는지 이해하려고 쓴 뿌리의 눈물로 뒤범벅이 된 질문을 던졌을 것이다.

재판 중에 파커 부부는 그들이 믿음으로 행한 것이라기보다는 추론으로 행한 것이 아닌가 하는 말에 깨달음을 얻었다. 한 증인이 추론은 하나님보다 앞서 달려 나가면서 결과를 요구하는 것이 아니겠느냐고 말했다. 믿음은 단순히 하나님의 손에 결과를 맡기고 쉬는 것이다. 시간이 지나고 나서야 파커 부부는 아들을 치유해 달라고 요구하고 주장하면서, 치유될 것이라고 이미 추론한 상태에서 행동했음을 알 수 있게 되었다.

어떤 공식도 초월하시는 하나님

어떻게 하면 자기 대화를 통한 힘과 추론을 구분할 수 있는가? 바울의 경우를 다시 살펴보자. 바울은 자기 대화에 대한 원리를 찾는

데 많은 도움을 준다. 바울의 서신을 읽어나가다보면 그가 현실주의자라는 것을 분명히 알게 된다. 상황이 좋지 않을 때 그는 나쁜 상황에 대해 언급한다. 예를 들어 고린도전서 4장 10-13절에서 "우리는 그리스도 때문에 어리석으나… 우리는 약하나… 우리는 비천하여 바로 이 시각까지 우리가 주리고 목마르며 헐벗고 매 맞으며 정처가 없고 또 수고하여 친히 손으로 일을 하며… 우리가 지금까지 세상의 더러운 것과 만물의 찌꺼기같이 되었도다"라고 쓰고 있다.

누군가 바울에게 "말을 조심하시오!"라고 말하는 게 나을 법도 하다. 결국 그는 부정적 감정과 환경에 힘을 실어주고 있지 않은가? 이것은 부정적 자기 대화와 빈약한 신념체계의 실례 같다. 이런 말을 기록하다니 그는 염세주의자가 아닐까?

바울은 후에 이 질문에 답한다. "나는 이제 너희를 위하여 받는 괴로움을 기뻐하고"골 1:24. 여기에 균형이 있다. 바울은 현실주의자다. 그는 고난이 있을 때 고난을 인정했고 패배했을 때 패배를 인정했다. 그리고 자신을 돌보시는 하나님의 능력 안에 안식했다.

바울이 생각과 말의 힘이 얼마나 중요한지 충분히 알았다면 자기 대화를 바꿨을 것이고, 그랬다면 고난을 겪지 않았을 것이라고 담대하게 주장하는 사람들에게는 이런 설명이 만족스럽지 않을 것이다. 그렇다면 고난요 16:33, 박해마 5:11, 제자들에게 미리 알려주신 잔인한 죽음요 21:18-19에 대해 예수님이 하신 말씀은 어떻게 받아들일 것인가? 예수님도 말의 중요성을 충분히 이해하지 못했다고 담

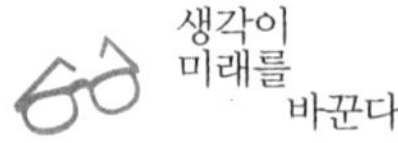

대히 주장할 것인가?

이것은 자기 대화에 대해 지금껏 이야기해왔던 것을 부인하는 것이 아니다. 단지 하나님을 상자나 마술램프 속에 집어넣지 않기 위해 올바른 관점으로 자기 대화를 바라보려고 진지하게 노력하는 것일 뿐이다. 하나님을 공식에 갇힌 존재로 만들기 위해 자기 대화 _(또는 로리의 부모가 사용한 '믿음의 선포')를 사용한다면, 하나님은 더 이상 우주를 창조하신 주인이 아니다. 대신 하나님은 상자 속에 웅크린 채 우리가 내리는 명령을 기다리는 존재일 뿐이다.

우리에게는 로리의 부모가 던진 질문이 아직도 남아 있다. 무엇이 변화를 일으키는가? 어떻게 하면 추론하지 않을 수 있을까?

믿음의 파워 사용하기

위의 질문에 대답하려면, 우리가 어떤 믿음의 유형에 속하는지 살펴보아야 한다. 마태복음 13장에서 예수님은 씨 뿌리는 자의 비유를 말씀하신다. 그 비유에서 예수님은 네 가지 유형의 믿음을 말씀하셨다. 첫번째 믿음 유형은 씨가 뿌리를 내리지 못하는 것으로 믿음이 전혀 없는 상태다. 두번째 믿음 유형은 바로 뿌리를 내리지만 오래 견디지 못한다. 세번째 믿음 유형은 뿌리는 내리지만 세상에 대한 염려로 자라지 못한다. 오직 네번째 믿음 유형만이 뿌리를 내리고 열매를 맺는다.

로리와 웨슬리의 부모들은 네번째 유형의 믿음을 갖고 있었음이 분명하다. 그들은 믿음으로 행했다. 그러나 그들의 믿음은 다른 요소들 때문에 추론이 되어버렸다. 찰스Charles Farah 박사는 《성전 꼭대기에서From the Pinnacle of the Temple》라는 책에서 "하나님을 향한 믿음faith in God"과 "하나님에 대한 믿음faith of God"을 구별했다. 하나님을 향한 믿음은 '객관적 유형의 믿음'이다. 그것은 목적격으로 표현되는 믿음으로, 어떤 공식에 근거한 것이 아니라 직접적으로 하나님을 향해 있고 하나님의 능력에 근거한 믿음이다. 하나님이 믿음의 대상일 때, 우리는 하나님을 향한 믿음을 갖게 된다. 믿는 자로서 우리는 하나님을 향한 객관적 믿음을 갖고 있다. 그러나 인간의 한계 때문에 이 믿음을 절대적으로 완벽하게 항상 유지하지 못한다. 이 한계 때문에 우리는 하나님을 향한 믿음과 의심하는 성향 사이에서 때로는 비틀거리면서 갈등한다. 이러한 갈등 속에서 믿음의 대상이 참으로 누구인지 놓쳐버리고 의심에 휩싸일 때가 있다.

우리는 자기 대화에 초점을 맞춤으로써 믿음을 강하게 할 수 있다. 객관적 믿음은 의심의 해독제가 된다. 객관적 믿음은 우리의 생각을 사로잡아 신실하신 하나님의 속성과 성품에 초점을 맞추게 한다. 위험은 '하나님에 대한 믿음'을 갖고 있다고 추론할 때 생긴다. 이는 주격으로 표현되는 '주관적 유형의 믿음'이다. 이것은 특정 상황에서 특정 목적으로 하나님이 주시는 특별한 종류의 믿음을 말한다. 이는 일반적 유형의 믿음이 아니다. 위대한 믿음의 사건과 사례를 모든 사람에게 일반화시켜서 적용하려고 할 때 추론에 근거한 행동을 하게 되는 것이다. 로리의 부모가 그랬다. 그들은 한 원리를 일반적 요구로 바꾸었다. 그들은 하나님께 간구하면서 안식한 것이 아니라 자기 말대로 해달라고 하나님께 요구했던 것이다. 그것이 바로 추론이다. 웨슬리의 부모도 마찬가지다. 그들은 특별한 믿음의 원칙을 일반적인 방법으로 적용했다. 그들의 말대로 하나님이 행하시기를 요구하는 행동과 태도를 갖고 말이다.

이스라엘 백성도 그러했다. 여리고 전투 이후에 그들은 성벽이 있는 도시를 공략할 때마다, 성벽 주위를 몇 번 돌고 나팔을 불면 성벽이 무너지리라 생각했다. 분명히 다시는 그런 일이 일어나지 않았다. 그것은 그들의 추론이었기 때문이다. 하나님은 그들에게 여리고라는 도시 하나에 대해 특별한 지침을 내리신 것이다. 그 지침은 다른 어느 곳에서도 적용되지 않았다.

어떤 사람은 문둥병자 나아만을 떠올릴지도 모른다. 요단강에 일곱 번 몸을 담그고 치유된 후, 문둥병을 치유하는 자신만의 기적을 사람들에게 행할 수도 있었다. 우선 그는 사람들을 모아 물에 몸을 담그는 것에 관한 신념체계를 보여주고 나서, 요단강에 어떻게 몸을 담글지에 대한 방법을 시범으로 보여주는 것이다. 그리고 나서 문둥병 환자들이 치유되기 위해 요단강에 일곱 번 몸을 담그는 실습을 한다. 그러나 치유는 공식으로 되는 것이 아니다! 하나님은 나아만에게만 해당되는 특별한 지시를 내리신 것이다. 그것이 바로 경우에 따라 하나님이 주시는 주관적 믿음이다.

조지 뮬러^{George Mueller}는 이러한 주관적 믿음, 하나님이 특별히 그에게만 주신 믿음이 있었다. 그가 돌보는 고아원에는 일용할 양식이 떨어진 적이 없었다. 뮬러가 하나님 외에는 어느 누구에게도 필요를 알린 적이 없는데도 말이다. 그의 독특한 믿음의 은사는 그 상황에서 특별했다. 나아만의 이야기가 다른 사람들의 믿음을 고취시킨 것처럼, 조지 뮬러의 이야기는 그후 수많은 사람들의 믿음을 고취시켰다. 그러나 그러한 유형의 믿음이 '말한 대로 이루어지는 법'을 배우려는 사람들이라면, 누구에게나 일반적으로 통용될 수 있다고 주장한다면, 그것은 추론일 뿐이다. 뮬러의 자서전에서 하나님께 무언가를 요구했다는 사례는 하나도 찾아볼 수 없다. 그는 단순히 공급하시는 하나님의 능력을 의지했을 뿐이다.

믿음 대 추론의 문제에 대한 해결책은 결국 '요구^{demanding}'와 '의뢰^{resting}'의 차이로 압축된다. 그 차이는 우리가 하나님의 속성, 능력, 주권을 어떻게 이해하는지에 따라 좌우된다. 이것을 더 잘 이해하려면 욥기를 다시 살펴보자.

앞에서 욥의 고통과 고난은 걱정 때문에 생긴 것이라고 지적했다. 욥은 "내가 항상 두려워하던 일이 내게 임했구나."라는 말로 자신이 걱정 많은 사람임을 드러냈다. 그의 걱정은 하나님에 대해 부적절한 시각을 갖고 있었기 때문에 생긴 것이었다.

욥기 전반에 걸쳐 욥의 친구들은 고통이 죄의 결과라는 그 시대의 보편적 신학을 보여주었다. 잘못을 범했을 때에만 고통을 겪는다는 것이다. 그래서 친구들은 욥이 죄를 범한 것이 틀림없다고

주장했다. 욥이 그 사실을 인정하기만 한다면 나아질 것이라고 설득하면서 말이다. 그들은 요점을 놓쳐버렸다! 그러나 욥이 고통을 겪은 이유가 그가 "걱정한 것이 현실로 이루어졌기" 때문이라고 말한다면 그 또한 요점을 놓친 것이다. 사실이기는 하지만, 어디까지나 부분적으로 사실이다. 욥의 고통은 목적이 있었으며, 그 목적은 그가 갖고 있었던 걱정의 문제를 초월한 것이었다. 그것은 직접적으로 그의 하나님에 대한 부적절한 관점과 관련 있었다.

욥은 마침내 주님의 응답을 듣는다. 그러나 그 응답이란 게 무엇이었는가. 하나님은 욥에게 일련의 질문을 던지며 꾸짖으신다.

무지한 말로 생각을 어둡게 하는 자가 누구냐 너는 대장부처럼 허리를 묶고 내가 네게 묻는 것을 대답할지니라 욥 38:2-3

마치 하나님이 욥의 고통에 대해 공감하지 않으시는 것처럼 들린다. 그러나 하나님은 그 모든 고통에 목적을 갖고 계셨다. 그분은 여러 가지 질문을 통해 욥을 그 목적으로 이끌고 계셨다. 그가 대답할 수 없는 심오한 질문들을 통해서 말이다.

내가 땅의 기초를 놓을 때에 네가 어디 있었느냐 네가 깨달아 알았거든 말할지니라 누가 그것의 도량법을 정하였는지, 누가 그 줄을 그것의 위에 띄웠는지 네가 아느냐 그것의 주추는 무엇 위에 세웠으며 그 모퉁잇돌을 누가 놓았느냐 그때에 새벽별들이 기뻐 노래하며 하나님

의 아들들이 다 기뻐 소리를 질렀느니라 4-7절

40장에서 하나님은 다시 물으신다.

트집 잡는 자가 전능자와 다투겠느냐 하나님을 탓하는 자는 대답할 지니라 2절

그러자 욥은 지혜롭게 대답한다.

보소서 나는 비천하오니 무엇이라 주께 대답하리이까 손으로 내 입을 가릴 뿐이로소이다 4절

당신은 욥이 "이제부터는 제 입을 닫겠습니다."라고 말하듯이 손으로 입을 막는 모습을 떠올릴 수 있을 것이다. 그러나 하나님은 질문을 계속하신다.

네가 내 공의를 부인하려느냐 네 의를 세우려고 나를 악하다 하겠느냐 네가 하나님처럼 능력이 있느냐 하나님처럼 천둥소리를 내겠느냐 8-9절

그리고 나서 하나님은 천하 만물을 다스리고 지배하시는 능력과 권세로 욥을 계속해서 직면하면서 질문하신다. 마침내 42장에

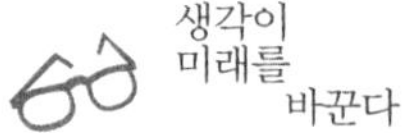

서 하나님이 질문을 멈추셨을 때 욥이 다시 한 번 하나님께 질문하는 장면이 나온다.

> 주께서는 못하실 일이 없사오며 무슨 계획이든지 못 이루실 것이 없는 줄 아오니 무지한 말로 이치를 가리는 자가 누구니이까 나는 깨닫지도 못한 일을 말하였고 스스로 알 수도 없고 헤아리기도 어려운 일을 말하였나이다… 내가 주께 대하여 귀로 듣기만 하였사오나 이제는 눈으로 주를 뵈옵나이다 그러므로 내가 스스로 거두어들이고 티끌과 재 가운데에서 회개하나이다 2-3절, 5-6절

욥은 무엇에 대해 회개했는가? 걱정한 것에 대해 회개했는가? 그렇지 않다. 그는 하나님을 제한적으로 이해한 것을 회개했다고 생각한다. 욥은 고통을 겪기 이전에는 귀로 듣기만 하여 하나님을 알았다고 인정했다. 그러나 이제는 하나님의 능력과 위엄과 권세를 직접 보고 하나님을 알았다고 말하고 있다. 이제 그는 하나님을 친밀하게 이해하게 된 것이다. 욥은 비로소 바울이 기록한 대로 "나에게 이르시기를 내 은혜가 네게 족하도다 이는 내 능력이 약한 데서 온전하여짐이라 하신지라"고후 12:9라고 고백할 수 있을 것이다. 또한 그는 바울과 더불어 "어떠한 형편에든지 나는 자족하기를 배웠노니"빌 4:11라고 말할 수도 있을 것이다.

제자들 역시 욥의 친구들이 강요한 것과 똑같은 신념체계를 따라 행동했다. 태어날 때부터 소경된 사람을 보면서 "랍비여 이 사

람이 맹인으로 난 것이 누구의 죄로 인함이니이까 자기니이까 그의 부모니이까"요 9:2라고 질문했다. 요즘이라면 "이 고통은 누구의 부정적 생각과 말 때문에 생긴 것입니까?"라고 질문했을 것이다. 어떤 쪽이든, 예수님은 자기 대화와 믿음, 추론을 제대로 바라보도록 명료하게 대답하셨다. "이 사람이나 그 부모의 죄로 인한 것이 아니라 **그에게서 하나님이 하시는 일을 나타내고자 하심이라**"요 9:3.

그러나 로리의 부모에게는 뭐라고 말해야 할까? 먼저, 그들이 요구와 의뢰의 차이를 구분할 수 있게 도와야 한다. 추론은 요구하지만, 믿음은 의뢰한다. 앞에서 살펴본 대로, 요구하기 시작할 때 자기 대화에 문제가 생긴다. 로리의 부모는 믿음으로 선포하는 원리를 하나님께 요구하는 데 사용했다! 그것은 분노와 쓴 뿌리만 낳을 뿐이다. 좌절감에 빠져 뭘 잘못했는지 자문하면서 자신들에게 요구하기 시작했을 때, 스스로 죄책감과 우울감에 발을 내디딘 것이다.

긍정적인 자기 대화는 믿음을 풀어놓는 대화로서, 하나님과 그분의 신실하심에 초점을 맞춘다. 우리의 말과 생각에도 불구하고 우리 삶에 찾아오는 사건, 고통, 고난은 분명히 있다. 자기 대화는 우리 마음대로 하나님을 좌지우지하는 마법 공식이 아니다. 자기 대화의 힘을 적절한 시각으로 볼 때, 환경과 상관없이 감정과 행동을 변화시키는 도구가 될 것이다. 그러면 우리는 주권적인 하나님의 사랑의 돌보심에 자신을 열고 안식을 누릴 수 있을 것이다.

1 때때로 당신은 하나님께 어떤 요구를 하는가?

2 믿음 안에서 안식한다는 것이 특별히 어떤 의미로 다가오는가?

3 당신의 요구에 따라 하나님이 행하시기를 기대하는 대신 하나님이 창조적으로 행하시도록 의뢰한다면, 이번주에 당신의 삶 속에 어떤 변화가 일어날지 생각해보라. 그것은 당신에게 어떤 영향을 미칠까?

긍정 마인드로 살아가기

chapter 12

긍정 마인드로 살아가기

일단 자기 대화를 이해하는 부분에서 균형점을 찾았다 해도 문제는 완전히 해결되지 않는다. 많은 사람들은 삶에 대한 정신적, 행동적 반응을 조절할 수 있다는 기본개념에 여전히 의문을 표한다. 우리는 어쩐지 그렇게 하는 것이 좀더 복잡하거나 어려워야 한다고 생각한다. 자기 대화를 통해 변화를 일으키는 것은 너무나 간단하기 때문이다.

위조된 느낌이 드는 자기 대화

우리의 염려는 여러 가지 형태로 표현될 수 있다. 그중 자기 대화에 대해 흔히 하는 질문 중 하나는 위조된 느낌을 주기 때문에 효력이 없을 것이라는 생각이다. 이러한 잠재적 걸림돌을 예측하지 못하면 자기 대화를 바꾸는 노력을 포기하기 쉬울 것이다.

자기 대화가 위조된 것이라는 두려움은 이해하기 어렵지 않다. 이것은 마치 혼자 힘으로 나아지려고 애쓰는 느낌이 든다. 이러한 두려움 속에 간과하는 것은 자기 대화는 항상 일어나고 있다는 사실이다. 이 책을 읽을 때 당신이 경험하는 감정과 느낌은 자기 대화의 결과다. 자기 대화에 대해 늘 기억해야 하는 사실은 우리가 그것을 만들어내지 않는다는 점이다. 단지 우리는 항상 자기 대화를 하고 있음을 자각할 뿐이다. 우리에게 주어진 도전은 자기 대화를 바꾸어 긍정적인 성장 쪽으로 방향을 잡는 법을 배우는 것이다.

사고 패턴을 바꾸려는 시도는 힘든 작업이다. 우리는 변화에 필요한 노력을 하기보다 그대로 머무르려고 한다. 기본적으로 우리는 변화를 좋아하지 않는다. 마치 신던 신발이 편해졌을 때 새 신발을 사는 것과 같다. 새 신발은 치수는 맞지만 너무 딱딱하다. 그러나 새 신발을 신기 시작하면, 시간이 흐를수록 부드러워져서 우리발에 맞춰진다. 곧 새 신발이 오래된 신발보다 더 편해진다.

자기 대화를 바꾸는 것도 같은 이치다. 새로운 패턴은 처음에는 불편하게 느껴질 수도 있지만, 자신의 생각과 말을 조절하는 습관을 기르면 곧 생활방식이 된다. 그때가 되면 예전의 신념체계로 돌아가는 것이 긍정적 자기 대화를 처음 시작했을 때처럼 불편해질 것이다. 꾸준히 계속하라! 얼마 지나지 않아 긍정적 자기 대화가 편안해지고 진실하게 느껴지기 시작할 것이다. 동시에 하나님이 당신의 유익을 위해 내면에 심어두신 변화의 힘이 가동될 것이다.

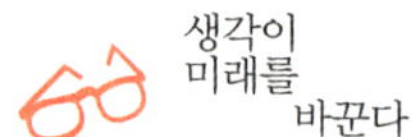

성공적인 자기 대화의 시작

흔히 듣는 또 다른 말은 "노력했지만 효과가 없었어요!"이다. 당신은 어쩌면 이 책에 제시된 연습을 다 해보았지만, 여전히 내면에 전쟁이 일어나고 있는지도 모른다. 어쩌면 자신이 왜 지금까지 이 책을 읽고 있는지조차 의아스러울지도 모른다.

이 훈련은 마치 운동을 시작하는 것과 같다. 몇 주 동안 체육관에 가거나 며칠 동안 조깅을 하지만 얼마 후 중단한다. "시도해보았지만 좋아지지 않았어요!"라고 하면서 말이다. 몸매를 가꾸는 데 있어서, 운동이 신체에 미치는 효과는 3일이면 다 없어진다는 사실이 밝혀졌다. 운동이 신체에 효과가 있으려면 그것이 생활방식이 되어야 한다.

우리는 종종 비타민이나 영양 섭취 습관에 대해서도 같은 태도를 취한다. 누군가에게 비타민과 미네랄, 식이요법이 미치는 효과를 들으면 그 생각으로 가득 찬다. 그러면 나가서 거의 모든 약국을 방문해 추천받은 비타민들을 열정적으로 사들인다. 하지만 2주 후면 의욕도 시들해져서 비타민을 선반 위에 올려놓고 "시도해봤지만 효과가 없어!"라고 포기한다. 식이요법과 함께 비타민과 미네랄이 주는 유익은 시간이 흘러야 나타나지 즉각 나타나지 않는다는 사실을 간과한 채 말이다.

운동과 식이요법이 생활방식이 되어야 하는 것처럼 긍정적 자기 대화도 마찬가지다. 대개 우리는 쉽게 포기해버린다. 근육이 욱

신거리면 운동을 중단하고, 열정이 시들해지면 비타민 먹기를 중단한다. 금방 어떤 변화가 생기지 않으면 긍정적 자기 대화를 중단한다.

"시도했지만 효과가 없었어요!"라고 하면서 사무실에 찾아오는 사람들에게 나는 보통 "효과가 없게끔 당신이 가로막고 있는 것은 무엇인가요?"라고 질문한다. 대개 문제의 원인은 다음 네 가지 중 하나로 좁혀진다.

1. 자신이나 다른 사람들에게 요구하고 있는 것이 무엇인지 파악할 시간을 갖지 않는다.
2. 반증에도 불구하고 계속해서 비합리적 신념을 붙들고 있다.
3. 내면에서 이러한 요구나 비합리적 신념에 대해 계속해서 충분히 질문하거나 논박하지 않는다.
4. 자신이 성장한 원가족과 계속 사용하고 있는 왜곡된 자기 대화 패턴을 이해할 시간을 충분히 갖지 않는다.

생각을 사로잡아 복종하게 하는 데는 시간과 노력이 필요하다. 이 장에 소개하는 제안들은 출발점에 불과하다. 옛 패턴으로 되돌아가지 않으려면, 여러해 동안 발전한 신념체계를 극복하는 데 많은 노력과 시간이 필요하다! 긍정적 자기 대화는 자기 통제로 이어질 것이다.

아직도 자신의 자기 대화가 잘 파악되지 않는다면 다음 질문을

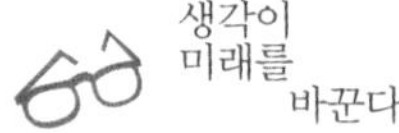

스스로 해보라. 당신은 화가 날 때 속으로 무엇이라고 말하는가? 죄책감을 느끼거나 두려움과 불안을 느끼기 직전에 마음속에서 어떤 말을 하는가? 걱정하기 시작할 때 어떤 말을 하고 있는가?

자기 대화를 찾았으면 그것을 글로 적어보고, 이 생각의 뿌리가 무엇인지 원가족을 살펴보라. 당신의 생각을 사로잡고, 감정을 변화시키고, 점차적으로 자신을 더 많이 통제할 수 있게 될 것이다.

감정을 바꾸는 정서적 에너지

1장에서 만난 사람들은 현실에 대해 부정확한 시각을 갖고 있었다. 도나의 신념체계는 여러 가지 공포증과 불안, 두려움으로 뒤얽혀 있었다. 도나는 신념체계를 점차 바꿈으로써 감정을 개선할 수 있었다. 처음 출발점은 두려움을 다루는 것부터였다.

프레드는 도나가 두려움에 눌려 포기하기보다 두려움을 직면할 수 있는 길을 찾도록 돕기 위해 함께 노력했다. 도나가 두려움을 직시하자 점차 더 깊은 두려움을 발견하게 되었다. 그녀는 프레드가 너무 성공하면 자신을 필요로 하지 않을까봐 두려워하고 있었다. 그래서 프레드는 그의 자기 대화를 변화시킴으로써 행동을 바꾸기 시작했다.

나는 도나를 돕고 싶고, 그녀에게 긍정적인 방법으로 사랑을 확신시켜줄 수 있다.

나는 도나에게 전화해 그녀를 생각하고 있음을 알려줄 생각이다.

나는 혹시 내 행동에 도나의 불안정감을 부추기는 것이 있는지 주의 깊게 관찰할 것이다.

나는 도나에게 그녀가 나의 최우선순위라는 것을 알려줄 새로운 방법을 찾을 것이다.

프레드가 그의 신념체계를 다루면서, 도나도 그녀의 사고 패턴, 즉 자기 대화를 바꾸기 시작했다.

두려움아, 어서 네가 하고 싶은 대로 해라. 나는 더 이상 두려워하지 않을 것이다.

나는 프레드가 나를 어떻게 사랑하는지에 초점을 맞출 수 있으며, 그렇게 하면 프레드와 있을 때 느끼는 불안정감을 변화시키는 데 도움이 될 것이다.

나는 교회에 일찍 가서 사람들이 오기 전에 한가운데 앉아 내 두려움이 얼마나 심각한지 알아볼 것이다. 프레드가 도와줄 것이다.

물론 도나 역시 두려움에서 자유로워지기 위해 많은 단계들을 거쳐야 했다. 그러나 프레드의 지속적인 지지와 더불어 공포증을 극복할 수 있었고 현재는 새로운 사고방식과 삶을 즐기고 있다.

마지는 자신에게 다음과 같이 말하면서 점차 통제력을 잃은 느

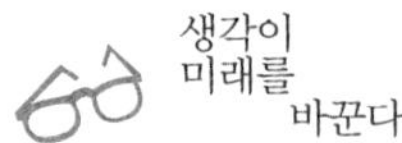

낌에서 벗어났다.

> 나는 설거지를 오늘 다할 필요가 없다. 할 수 있는 만큼만 해놓으면 크게 도움이 될 것이다.
>
> 나는 아이들에게 더 엄하게 할 수 있다. 아이들이 내 말을 귀담아 듣기까지는 시간이 좀 걸리겠지만 나는 아이들을 다룰 수 있다.
>
> 내가 모든 사람들의 문제를 다 들어줄 수 있으면 좋겠지만, 내게는 그럴 에너지가 없다. 사람들의 문제가 너무 무겁게 느껴지면 그렇다고 말할 것이다.

페기는 다른 사람들의 말에 귀 기울이는 법을 배우고 있다. 또한 다른 사람들뿐 아니라 자신을 돌보는 것도 괜찮다는 것을 재발견하고 있다. 그녀는 자기 대화를 다음과 같은 말로 바꾸고 있다.

> 나는 정말로 능률적이다. 그러므로 이렇게 바쁘게 지낼 필요가 없다.
>
> 내가 위원회에 "No."라고 한다고 해서 세상이 끝나지 않는다. 나는 "No."라고 말할 권리가 있다.
>
> 그동안 여유를 갖고 속도를 늦추는 것이 어려웠지만, 이제는 그 과정을 즐기기 시작하고 있다. 나는 지난주 보았던 별난 작은 가게를 찾아가볼 예정이다.

아니는 마침내 아들에게 갖고 있는 감정을 들여다보는 데 동의

했다. 그는 자신이 아들에 대한 고통스러운 감정만 지나치게 통제하고 있는 것이 아니라 긍정적인 감정과 옆에 있고 싶은 마음까지도 통제하고 있음을 알게 되었다. 그래서 점차 자기 대화를 다음과 같이 바꾸기 시작했다.

> 아들에게 상처를 받아도 괜찮다.
>
> 아들이 어디에 있는지 알았으면 좋겠다.
>
> 내가 느끼는 이 모든 분노와 죄책감이 정말로 두렵지만, 이 감정을 부인하기보다 점검함으로써 더 잘 견딜 수 있을 것이다.
>
> 아들에게 내 생각을 요구하지 않기가 어렵지만, 내가 요구를 중단해야 아들의 고통과 두려움을 조금이나마 볼 수 있다.
>
> 이런 감정을 말하는 것이 두렵지만, 나는 이 고통을 아내와 나누기를 원한다.

이 사례들은 분명 시작 단계에 불과하다. 그러나 우리 모두의 삶 속에 긍정적인 변화과정을 시작하게 해준다는 자기 대화의 원칙은 명료하고 단순하다. 때때로 자신의 모습을 직시하고 자신의 신념체계를 재구성할 때 누군가의 지원을 받는 것이 도움이 된다. 전문 상담가, 목회자, 친구가 도움이 될 수 있다.

변화의 과정은 달리기 경주와 같다. 경기장에 들어서면 우리는 바울이 말한 것처럼 달려야 한다. "형제들아 나는 아직 내가 잡은 줄로 여기지 아니하고 오직 한 일, 즉 뒤에 있는 것은 잊어버리고 앞에 있는 것을 잡으려고 푯대를 향하여 그리스도 예수 안에서 하나님이 위에서 부르신 부름의 상을 위하여 달려가노라"빌 3:13-14. 그는 과거의 패턴을 깨뜨리라고 권고한다. 그러고 나서 새로운 목표와 목적에 도달하기 위해 앞으로 달려가야 한다.

고린도전서 9장에서 바울은 모든 사람들이 경쟁하지만 상을 타는 사람은 오직 한 사람이라는 사실을 언급한다. 그러나 인생의 경주에서 흥미로운 것은 우리 모두 다 이길 수 있다는 점이다! 우리 모두 다 기쁨과 만족을 경험할 수 있다. 그 핵심요인은 훈련에 있다. 바울이 덧붙인 말이 바로 그것이다. "이기기를 다투는 자마다 모든 일에 절제하나니"25절. 바울은 운동선수가 경기를 위해 훈련하는 것처럼 우리 역시 생각과 신념체계를 훈련하기 위해 노력하기를 원한다. 그러한 훈련의 결과, 자기 통제가 생긴다.

히브리서 기자는 경기장에서의 경주에 대해 이렇게 말한다. "이러므로 우리에게 구름같이 둘러싼 허다한 증인들이 있으니 모든 무거운 것과 얽매이기 쉬운 죄를 벗어버리고 인내로써 우리 앞에 당한 경주를 하며 믿음의 주요 또 온전하게 하시는 이인 예수를 바라보자 그는 그 앞에 있는 기쁨을 위하여 십자가를 참으사 부끄러움을 개의치 아니하시더니 하나님 보좌 우편에 앉으셨느니라"히 12:1-2. 예수님의 모본을 따를 때 성공적으로 경주를 마칠 수 있다. 그분은 우리의 믿음을 온전케 하시는 분이시다. 예수님은 그분의 태도를 통해 우리가 어떻게 살아야 할지 보여주셨다. 그분은 사람들의 적개심을 견디시고 십자가를 지셨다. 그분이 그렇게 할 수 있었던 것은 앞에 놓인 기쁨에 생각의 초점을 맞추셨기 때문이다.

믿는 자로서 당신 안에 있는 하나님의 능력을 풀어놓을 수 있는 생각에 주의 깊게 초점을 맞추면, 어떤 것도 견딜 수 있고 어떤 두려움도 직면할 수 있다. 어떤 분노도 해소할 수 있고 어떤 걱정과 불안도 끊을 수 있으며 어떤 스트레스도 견딜 수 있고 삶의 기쁨을 발견할 수 있다.

생각이 감정을 낳기 때문에 바울은 빌립보 교인들에게 "주 안에서 기뻐하라!"고 말할 수 있었다. 그가 데살로니가 교인들에게 "항상 기뻐하라!"고 명령한 이유도 바로 이것이다. 자신의 생각을 조절하고 태도를 선택할 힘이 우리에게 없다면 어떻게 우리에게 기뻐하라고 말할 수 있겠는가? 바울이 그렇게 말할 수 있었던 것은 우리에게 그러한 능력이 있기 때문이다!

예수님이 제자들에게 "내가 이것을 너희에게 명함은 너희로 서로 사랑하게 하려 함이라"요 15:17고 말씀하실 수 있었던 이유도 바로 그 때문이었다. 어떤 생각에 초점을 맞추는가에 따라 감정이 달라지기 때문에 예수님은 우리에게 "서로 사랑하라"고 명령하실 수 있었다.

누군가에게 사랑하는 마음이 느껴지지 않을 때, 우리는 사랑을 느끼지 못하게 하는 생각과 신념체계를 논쟁하고 반박할 수 있다. 그렇게 하면 우리는 생각과 말을 지킴으로써 감정을 바꾸어 사랑을 느끼게 된다.

어떤 사람이 사무실에 찾아와 더 이상 아내를 사랑하지 않는다

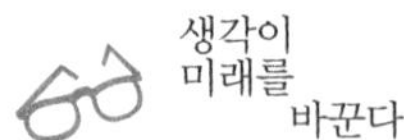

고 말하면 나는 이렇게 말한다. "그것이 흥미롭긴 하지만, 그렇게 한다고 해서 무엇이 달라질까요?" 그러고 나서 그가 아내를 더 이상 사랑하지 않는 원인은 그의 속에 내재되어 있다고 설명한다. 바로 그의 자기 대화 속에 있음을 밝혀준다. 이 경우, 종종 놀라운 일이 일어난다. 그들의 생각이 감정을 낳았다는 것을 깨닫고 이해하면서 배우자를 사랑할 수 있다는 방향에 초점을 맞추고 생각을 바꾸게 된다. 뿐만 아니라 실제로 배우자를 다시 사랑하기 시작한다. 감정은 변화될 수 있다!

그러므로 주변의 통제할 수 없는 세상이 압력을 가해 당신의 내면세계를 위협할 때는 자기 대화를 통제해야 한다. 모든 생각을 사로잡으라. 비합리적 신념체계를 논박해 타파하라. 당신의 삶 속에 하나님의 임재하심이 역사하시도록 허락하면, 강력한 정서적 에너지가 흘러나올 것이다. 그렇게 되면 당신은 다음과 같이 말하게 될 것이다.

나는 내가 다른 사람들, 하나님, 인생에 대해 요구하고 있었던 것이 무엇인지 찾아냄으로써 분노를 해소할 수 있다. 그러면 이러한 요구를 원하는 것, 소원, 소망으로 바꿈으로써 자기 대화를 변화시킬 수 있다.

나는 죄책감으로 갈등하고 있는 삶의 영역을 점검함으로써 죄책감을 줄일 수 있다. 그리고 자기 대화의 초점을 용서에 맞춤으로써 그런 죄책감을 없앨 수 있다.

나는 자신에게 무엇을 요구하고 있는지 찾아냄으로써 우울증에서 자유로워질 수 있다. 그리고 자기 대화를 통해 이러한 요구를 원하는 것, 소원, 소망으로 바꿀 수 있다.

나는 미래에 대해 무엇을 요구하고 있는지 살펴봄으로써 걱정과 불안을 없앨 수 있다. 나는 미래를 통제할 수 있는 유일한 분이신 하나님의 신실하심에 자기 대화의 초점을 맞출 것이다.

나는 두려움이 생길 때마다 자기 대화 속에서 그것을 직면하고 담대하게 대처함으로써 삶에서 느끼는 두려움을 직시할 수 있다. 그리고 그 두려움을 용기와 믿음의 격려로 바꿀 것이다.

나는 자기 대화를 통해 스트레스를 힘의 원천으로 바꿀 수 있다. 나를 도우시는 하나님의 능력과 힘에 생각의 초점을 맞춤으로써 스트레스를 내게 유익이 되도록 활용할 것이다.

나는 내가 맺고 있는 관계 속에 사랑의 감정을 흘려보냄으로써 자기 주장적으로 살 수 있다. 나는 생각을 사로잡아 분노와 두려움의 감정을 없애고 사랑의 감정에 자기 대화의 초점을 맞출 것이다.

당신은 어디에서부터 시작할 것인가? 다음 단계는 처음 단계와 같다. 당신의 모든 생각을 사로잡아 그리스도께 복종케 하는 것이다.

위에서 말한 일곱 가지가 모두 '할 수 있다' 로 시작하는 것에 주목하라. 삶을 변화시키는 자기 대화는 늘 '할 수 있다' 로 시작된

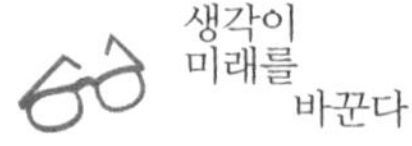

다. 그리고 '할 수 있다' 는 생각은 언제나 '할 것이다^{I will}' 라는 생각으로 이어진다.

I   긍정적 자기 대화를 통해 자기 통제가 강해진다
Increase my self-control through positive Self-Talk

W   통제력을 잃었다는 느낌이 들 때 그 영역에 대해 작업한다Work on this one area where I feel out of control

I   첫단계를 구체적으로 실천한다Involve myself in this specific first step

L   반복에 의해 첫단계를 강화시키는 법을 배운다
Learn to reinforce this first step by repetition

L   자신의 감정과 행동에 긍정적 변화가 일어나는 것을 즐거워한다Love the positive changes in my emotions and behavior

이제 당신이 작업해야 할 영역 한 가지를 찾아 당신이 시작해야 할 첫단계를 쓰는 시간을 가져라.

이 단계에서는 예전의 신념체계를 재진술, 논쟁, 논박하거나 긍정적 자기 대화를 가능하게 하는 새로운 사고 패턴을 창조하게 될 것이다. 자기 대화에 있어 어떤 형태의 변화가 일어남을 느낄 수 있을 것이다. 그러고 나서 빌립보서 4장 8-9절, 7절에서 바울이 권면한 것을 따르라. 하나님께서 당신의 시도에 은혜와 복을 더하실 것이다.

끝으로 형제들아 무엇에든지 참되며 무엇에든지 경건하며 무엇에든지 옳으며 무엇에든지 정결하며 무엇에든지 사랑받을 만하며 무엇에든지 칭찬받을 만하며 무슨 덕이 있든지 무슨 기림이 있든지 이것들을 생각하라 너희는 내게 배우고 받고 듣고 본 바를 행하라 그리하면 평강의 하나님이 너희와 함께 계시리라… 그리하면 모든 지각에 뛰어난 하나님의 평강이 그리스도 예수 안에서 너희 마음과 생각을 지키시리라 빌 4:8-9, 7

생각이 미래를 바꾼다

지은이 ¦ 데이비드 스툽
옮긴이 ¦ 정성준
초판 2쇄 펴낸 날 ¦ 2009년 5월 8일

발행인 ¦ 우수명
편집장 ¦ 박향미
편　집 ¦ 소지희 홍성아
디자인 ¦ 김은나 김진희
저작권 ¦ 양은애
마케팅 ¦ 김광일
마케팅지원 ¦ 김웅민 조진옥

등록번호 ¦ 제129-81-80357호
등록일자 ¦ 2005년 1월 12일
등록처 ¦ 경기도 고양시 일산구 장항동 578-16 나동
발행처 ¦ 도서출판 NCD

값 10,000원

ISBN 978-89-5788-127-9

■ 잘못되거나 파손된 책은 구입하신 서점에서 교환해 드립니다.

도서출판 NCD
주소 ¦ 서울시 강남구 대치동 944-20 동우리빌딩 2층
주문 ¦ 영업부 ¦ (일산) 031-905-0434,6 팩스 031-905-7092
본사 ¦ 편집부 ¦ (강남) 02-538-0409 팩스 02-561-7076
한국 NCD ¦ 지원·코칭 ¦ 02-565-7767 팩스 02-566-7754
홈페이지 ¦ www.NCDKorea.com

※ 자세한 사항은 홈페이지를 참고하세요.

교회를 건강하게 성장하도록 돕는 도서출판 NCD

도서출판 NCD는 '자연적으로 성장하는 더 좋고 많은 교회 번식 운동'을 펼치고 있는 한국 NCD와 크리스천코칭센터 및 이와 관련된 기관들의 사역을 문서로 지원하는 출판사입니다.
한국 NCD는 현재 전 세계 6대주 66개국 10,000교회 4,200만 자료로 검증된 설문 조사 자료를 토대로 하여 한국에서 8가지 질적 특성을 중심으로 교회의 건강을 진단할 뿐만 아니라 더 많은 교회들이 건강하게 세워질 수 있도록 지속적으로 자료 및 도구 제공, 훈련, 세미나, 컨설팅, 코치 사역, 세계 선교, 지역 및 정보 네트워크를 통해 사역하고 있는 국제적인 전문 사역 기관입니다.